管理者
都要学的
财　务
思维课

吴焕·著

化学工业出版社
·北京·

内 容 简 介

财务思维作为一种全新的管理视角和方法论，能够帮助管理者更深入地理解和把握企业的运营状况，从而做出更明智的决策。《管理者都要学的财务思维课》一书系统探讨了财务思维的重要性、财务报表的应用、决策制定及企业管理等多方面内容，构建了包含评估体系、五大能力指标及数字化管理标准的财务思维应用框架。同时，通过人力资源管理、战略规划、数字化谈判及财务风险预警等实例，生动展现了财务思维在企业管理中的广泛应用与实效。

本书不仅适合企业管理者阅读，也适合对财务管理感兴趣的读者。本书旨在帮助读者建立全新的管理视角和思维方式，为企业的未来发展注入新的活力和动力，实现持续、稳定的发展。

图书在版编目（CIP）数据

管理者都要学的财务思维课 / 吴焕著 . -- 北京：
化学工业出版社，2025.1. -- ISBN 978-7-122-46649-5

Ⅰ. F275-49

中国国家版本馆 CIP 数据核字第 2024DX1821 号

责任编辑：刘　丹
责任校对：田睿涵　　　　　　　　装帧设计：仙境设计

出版发行：化学工业出版社（北京市东城区青年湖南街 13 号　邮政编码 100011）
印　　装：三河市双峰印刷装订有限公司
710mm×1000mm　1/16　印张 13¼　字数 177 千字　2025 年 8 月北京第 1 版第 1 次印刷

购书咨询：010-64518888　　　　　　售后服务：010-64518899
网　　址：http://www.cip.com.cn
凡购买本书，如有缺损质量问题，本社销售中心负责调换。

定　　价：88.00 元　　　　　　　　　　　　　版权所有　违者必究

前 言

在当今快速变化的商业环境中，企业的发展和成功不再只依赖于传统的经营模式和战略手段，一种全新的以财务思维为核心的管理理念正在成为企业保持竞争力的关键。

为什么管理者需要了解财务思维？这是因为，随着市场竞争的日益激烈，企业需要更加精准、高效地管理资源和运营。传统的记账逻辑、财务分析和管理会计方法已经无法满足这一需求。而财务思维作为一种全新的管理视角和方法论，能够帮助管理者从更深层次理解和把握企业的运营状况，从而做出更加明智的决策。

财务思维不仅包括狭义的财务数据和风险控制，更包括了一种广义的管理指标数字化思维。通过运用这种思维，管理者可以将企业的各项业务和潜在风险以数字化指标的形式呈现出来，实现对企业运营的全面监控和优化。这种数字化的管理方式，就像是为企业安装了一个实时的"仪表盘"，管理者能够清晰地看到企业的运营状态和潜在问题，从而及时进行调整和优化。

在本书中，我们将深入探讨财务思维的内涵和应用方法，帮助管理者建立一种全新的管理视角和思维方式。我们将从战略布局数字化思维和决策数字化思维两个方面入手，分析如何运用财务思维来优化企业的战略方向、过程风险控制以及员工价值评价等。同时，我们还会着重阐述如何将财务思维应用于企业运作的各个环节，助力企业可持续发展，构建可传承的经营管理模式。

通过学习和运用财务思维，管理者能够更加精准地把握企业的发展方向，更加高效地管理企业的资源和运营，从而使企业在激烈的市场竞争中脱颖而出，实现持续、稳定的发展。

让我们共同踏上这场关于财务思维的探索之旅，为企业的未来发展注入新的活力和动力！

著者

目 录

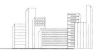

第十章　构建财务思维管理标准　179

第一章

为什么要有财务思维

第一节 财务思维的重要性

财务思维是企业在各项活动中用于权衡得失、配置合适的资源和比较优势的思维活动。企业的每项小的经营活动都会直接影响整体事业发展的结果，其中需要权衡的要素有时间、人才、资源、资金和模式等，每个要素的配置和选择会形成不同的决策结果。财务思维的重要性体现在以下四个方面。

一、提升企业价值

在提升企业价值的过程中，财务思维的运用显得尤为重要。它能够将盈利模式巧妙地转化为一种可持续推动企业价值增长的模式。财务思维的广义视角不再局限于眼前的财务状况，而是能够穿透历史的迷雾，精准地预测未来的发展趋势。

比如：企业新增生物制药的项目，总投入需要 2 亿元，投入期为 3 年，第 4 年起每年产生可持续自由现金流为 5000 万元，用财务思维对过去市场占有率进行分析，发现每提高 1% 的销售收入，营销费用的增长比例为 1.5%，通过穿透过去的方式，预测企业未来是否要沿用过去的营销模式，如果延续，则企业在第 4 年及以后产生的可持续的自由现金流会逐年降低 0.5%，管理者看到这个数据就会改变原有的营销模式。

二、推动可持续发展

企业的创始人和管理者都希望企业可以持续发展，成就百年基业，但在复杂多变的外部环境影响下，企业平均寿命只有短短几年，企业实控人投入的原始资金和过程资金没有转化为企业发展的动力，而是转化为无法收回的成本，形成企业的亏损，同时让本企业就职的员工面临再次就业的风险。所以，可持续发展是每个企业都需要解决的重要问题。

企业既要考虑经营目标的实现和市场地位的提高，又要保证在已领先的竞争领域和未来扩张的经营环境中保持盈利持续增长和能力持续提高，并保证在相当长的时间内长盛不衰。这需要企业具备盈利能力、营运能力、投资回报能力、资本结构能力和偿债能力五大综合能力（本书称五大能力）。

例如，企业的盈利能力很强，每年的收入增速为 25%，但营运能力仅按 15% 的增速发展，盈利能力与营运能力发展不同步，企业的可持续性就会减弱，企业需要五大能力协同发展。

三、强化过程控制

企业的过程管理是达成目标的关键因素，过程控制是指对企业经营活动中的每个行为和流程进行规划，并根据规划价值和实际价值进行实时预警控制。企业过程控制要求对企业发展过程中的每项任务都进行指标数字化管理。例如，对于负责原材料采购的 A 员工，其过程控制中的数字化指标可以设定为确保原材料采购金额低于销售收入的 2%。

这样的过程控制需紧密结合企业的战略规划数字化指标来制定，因为每个企业都拥有自己独特的文化、员工素质、资源等要素，这些要素共同决定了企业最终的价值成果。通过为过程中的每个活动设置数字化指标预警，企业能够逐步构建并完善自己独特的数字化指标价值体系。

四、提升员工价值

企业要为员工提供价值创造和发展的平台，把员工内在的积极性、参与度、成就感、归属感和责任感等调动起来，使每位员工都能全身心投入，为企业贡献自身独特的价值。而这一切都离不开一套完善的数字化指标价值体系的支持。

员工，作为企业的基本单元，其个体价值的提升将直接带动企业整体价值的增长。当企业价值日益凸显，员工的成长空间也将随之扩大，他们将在平台上遇到更多的机会和挑战，形成一种良性循环，共同推动企业向前发展。这种生态循环将催生出一个健全的企业生态数字化指标价值体系，使企业和员工共同受益。

同时，员工还是企业风险的守护者，企业的风险会被员工发现，员工将发现的风险通过平台上的流程进行汇报并规避，这是员工价值最大的体现。

从财务思维的角度出发，将员工的薪酬与战略规划中的数字化指标价值体系紧密关联，有助于解决员工数字化指标价值量化的问题。

第二节　财务思维的评估体系

财务思维的评估体系由员工价值的评价、战略价值的评价和过程价值的评价三个维度构成。

一、员工价值的评价

员工是企业数字化指标价值的推动者，也是企业价值增长的内驱力来源。员工价值的评价，主要在于核定薪酬对应的数字化价值标准，即评估员工薪酬为企业创造的价值。具体而言，主要遵循战略指导、收入链条和价值确认三个原则对员工价值进行评价。

1. 战略指导原则

企业战略作为企业的指挥中枢，其重要性好比人的大脑对于身体的作用。一个明确的战略不仅能为企业指明方向，还能确保所有员工的工作都围绕一个共同的目标进行。在数字化时代，将战略规划与数字化指标相结合，更是让企业的发展路径变得清晰。

2. 收入链条原则

收入链条原则是将每个产品的收入与形成该产品的所有活动和相关人员紧密关联。

以 A 产品为例，收入目标为 1 亿元，需 10 名员工共同实现。在产生 8 000 万元支出（含 500 万元员工薪酬和 7 500 万元管理支出）后，A 产品净利润达 2 000 万元。员工平均薪酬为 50 万元，销售净利率为 20%。这些数字反映了 A 产品的盈利能力和员工效率，高薪酬和净利率则分别体现了员工积极性与市场优势。

3. 价值确认原则

价值确认的核心在于确保员工能够从事适合自己的工作。这意味着管理者需要深入了解员工的技能、经验和兴趣，以便为他们分配最适合的任务。

假设一名员工被分配了撰写报告的任务，原定计划需要 4 个小时完成，核定价值为 200 元。然而，在实际执行过程中，员工花费了 5 个小时才完成报告。这种情况下，上级主管需要对员工的工作进行价值确认。虽然员工最终完成了报告并达到了验收要求，但由于用时超过了预定计划，主管可以认为该员工在这项工作上效率不高。因此，在核定价值时仍按照原定的 200 元进行计算，以此提醒员工在未来的工作中需要提高效率。

二、战略价值的评价

战略价值的评价是对企业发展战略规划数字化指标达成率的深入剖析。这一评价体现在五大能力的综合评分上。五大能力共同构成了企业财务健康的基石，而战略规划数字化指标达成率则是衡量企业实际表现与预期目标之间差距的关键指标。

从财务思维的角度来看，战略规划数字化指标达成率是实际综合评分与规划综合评分的比值×100%。例如，战略规划中的综合评分是 30 分，而实际综合评分达到了 33 分，那么达成率就是 110%，这意味着企业已经超越其既定的战略规划目标。

战略规划指标的设计同样重要，特别是盈利结构。盈利结构是指企业盈利能力的各项指标数据，如销售毛利率、销售净利率、销售费用率和实际税负率等。这些指标需要根据企业所处的行业特点进行精细调整。

三、过程价值的评价

在企业战略执行的过程中，每一个流程和活动都是价值创造的载体。为了确保这些过程的有效性和效率，我们需要对它们进行细致的价值评价。这种评价不仅关注每个过程中员工的薪酬，还关注与过程相关的事件所产生的费用。

以电话销售为例，这是一个典型的战略落地过程。每天，电话销售人员都会拨打大量电话以促成销售。在这个过程中，员工的薪酬和电话费用构成了过程价值的两大组成部分。假设每名电话销售人员每天的薪酬是 300 元，而每天的电话费用为 100 元，那么这个电话销售过程每天的总价值支出就是 400 元。

然而，仅仅计算过程的价值支出并不足以全面评估其效益。我们还需要考虑成单所带来的收入。假设每个成功的电话销售能带来 100 万元的收入，而这个过程在企业的过程控制数字化指标中被赋予了 0.1% 的权重，那么这次活动的实际价值就是 100 万元乘以 0.1%，即 1 000 元。

通过这样的计算，我们可以清晰地看到，虽然电话销售过程每天的价值支出是 400 元，但一旦成单，其实际价值将远远超过这一支出。这为企业提供了一个重要的决策依据：在战略执行过程中，哪些流程和活动是值得投入的，哪些需要优化或调整。

第二章

财务报表与企业管理

第一节　从财务报表到数字化指标

企业的运营管理和决策制定都离不开财务思维的支撑。这种思维主要源自对财务报表的深入理解与分析。

一、资产负债表：企业财务状况的快照

企业的资产负债表是其财务状况的重要体现，它反映了企业在特定时点的资产、负债和所有者权益的状况。

（一）资产反映公司规模

资产负债表上的资产总额体现了企业在某一时刻的资产规模。这个数据是静态的，仅反映过去到资产负债表的提报日期的资产规模。资产分流动资产和非流动资产。

以表 2-1 中的数据为例，A 企业资产总额从 2020 年的 17 100 万元增至 2021 年的 17 400 万元，表明资产规模有所扩张。流动资产增长显著，尤其是货币资金和存货增加，而应收账款减少。非流动资产中，固定资产和无形资产略有下降。

表 2-1　A 企业的资产

资产项目	2020 年	2021 年
流动资产 / 万元	6 100	6 650
货币资金 / 万元	100	150
存货 / 万元	4 000	5 000
应收账款 / 万元	2 000	1 500
非流动资产 / 万元	11 000	10 750

资产项目	2020 年	2021 年
固定资产 / 万元	5 000	4 850
无形资产 / 万元	6 000	5 900
资产合计 / 万元	17 100	17 400

资产总额的高低需要与企业的发展战略规划相匹配。不同行业、不同发展阶段的企业，其资产规模的要求和标准也不同。例如，制造型企业通常需要大量的固定资产投入，而科技型企业则更注重轻资产运营和知识产权的投入。因此，在评估资产总额时，需要综合考虑企业的发展赛道、市场环境以及同行业其他企业的规模等因素。

（二）负债体现企业的信用能力

负债对于企业而言，既是财务风险的体现，也是实现财务杠杆效应的重要工具。这种杠杆效应具有两面性：一方面，通过适度的负债，企业可以扩大经营规模，提高盈利能力；另一方面，过高的负债可能加大企业的财务风险，甚至威胁到企业的生存和发展。

企业的负债按年限可分为流动负债和非流动负债。流动负债主要包括一年内到期的债务，如短期借款、应付账款等；非流动负债是指超过一年的长期债务，如长期借款、长期应付款等。

以表 2-2 的数据为例，A 企业 2020—2021 年，负债总额有所下降，从 10 100 万元减至 9 900 万元；非流动负债减少，尤其是长期应付款；短期借款减少，而预收账款和应付账款增加；长期借款保持稳定。

表 2-2 A 企业的负债

负债项目	2020 年	2021 年
流动负债 / 万元	3 100	3 100
短期借款 / 万元	1 100	900
预收账款 / 万元	1 500	1 600

负债项目	2020 年	2021 年
应付账款 / 万元	500	600
非流动负债 / 万元	7 000	6 800
长期借款 / 万元	5 000	5 000
长期应付款 / 万元	2 000	1 800
负债合计 / 万元	10 100	9 900

负债的高低并不是绝对的，负债只有与资产相匹配，并且资产负债率保持在合理水平（如 70% 以下）时，企业才能在银行机构获得融资。

（三）所有者权益体现企业的累积能力

作为企业资产减去负债后的剩余权益，所有者权益是展现企业累积能力的重要指标。所有者权益的构成主要包括股东的直接投入以及企业经营过程中累积形成的未分配利润。未分配利润反映的是企业在向股东分配完净利润后剩余的部分。当所有者权益的数据高于实收资本时，意味着企业不仅实现了盈利，还有能力进行再投资或扩张，显示出强烈的发展潜力。相反，如果所有者权益低于实收资本，可能暗示企业正面临经营困难，甚至有破产的风险。

以表 2-3 中的数据为例，我们看到 A 企业在 2020 年和 2021 年的所有者权益均超过了实收资本。特别是 2021 年，所有者权益比 2020 年增加了500 万元，这充分说明该企业在过去的一年中取得了显著的盈利，并且有着良好的发展势头。

表 2-3　所有者权益

所有者权益项目	2020 年	2021 年
实收资本 / 万元	6 500	6 500
未分配利润 / 万元	500	1 000
所有者权益合计 / 万元	7 000	7 500

二、利润表：盈利能力的体现

利润表是企业财务状况的重要载体，它详细展示了企业在一定时期内的收入、费用和利润情况。通过利润表，我们可以清晰地看到企业盈利能力的全貌，以及各要素与收入之间的关联，进而洞察企业的盈利架构和持续盈利能力。充分利用利润表有以下五点好处。

（一）精准提高收入

一般来说，企业的主营业务收入都与其经营范围、行业特性以及企业名称紧密相关，体现出企业的独特性和市场定位。例如，贸易企业的主营业务收入主要源自商品销售，由各类产品的收入共同构成。

在追求收入增长的过程中，管理者往往容易忽视收入构成的具体情况。实际上，深入了解每个产品的收入增长率至关重要。通过对比各产品的增长率与整体收入增长率，企业可以更加精准地判断哪些产品具有市场潜力，哪些产品可能面临市场挑战。

以 M 企业为例，表 2-4 详细展示了该企业各产品的增长率情况，通过数据分析，我们可以发现 D 产品连续两年销售收入下滑，表明其市场需求正在减少；而 B 产品的销售收入持续增长，显示出其强大的市场潜力。

表 2-4　M 企业产品增长率

产品	2019 年 / 万元	2020 年 / 万元	2021 年 / 万元	2020 年增长率	2021 年增长率
A	1 000	1 200	1 400	20%	17%
B	500	600	800	20%	33%
C	400	100	150	−75%	50%
D	900	800	500	−11%	−38%
合计	2 800	2 700	2 850	−4%	6%

基于这些深入分析，管理者可以作出明智的决策：砍掉市场表现不佳

的 D 产品，同时加大对 B 产品的投入。这样的策略调整有望显著提升企业的整体增长率。

（二）优化毛利水平

企业的毛利作为收入与成本之间的差额，直接反映了企业的盈利能力。这种能力不仅关乎企业的短期生存，更是决定其长期发展核心竞争力的关键因素。值得注意的是，企业的成本并非孤立存在，而是与收入紧密相连，二者形成了一种内在的匹配关系。只有当产品成功销售，相应的成本才会被核算，进而影响企业的毛利水平。因此，优化毛利水平不仅要求企业有效控制成本，更要关注收入与成本的匹配关系，以实现盈利能力的最大化。

（三）有效控制费用

企业的费用是生产经营过程中不可避免的支出，包括销售费用、管理费用和财务费用。为了更有效地管理这些费用，企业应当将它们与具体产品挂钩，进行详细的分解。通过将每项费用直接分解到各个产品上，企业可以清晰地了解每种产品所承担的费用情况，从而找出那些费用过高或营业利润为负的产品。

（四）提高净利润

净利润是企业创造和储备的"血液"，它代表了企业在扣除所有成本和费用后所实现的利润盈余。这一过程始于企业的收入，随后历经产品制造成本的核算、管理机构支出的摊销，以及在盈利状况下应缴纳的企业所得税支付，最终形成了净利润这一关键财务指标。

（五）为管理者提供全面视角

利润表是反映企业整体净利润形成与分配过程的重要工具。这张表格如实地展现了企业从收入开始，如何一步步被各项成本费用所"侵蚀"，最终剩下可供企业内部自由分配的净利润。这份净利润可以说是企业经过一系列运营活动后所积累的财富。利润表通常采用时期数据的形式，展现的是企业在某一年度内各项经济活动的累加结果。

三、现金流量表：现金流的深度分析

现金流量表的核心作用是揭示企业现金流入与流出的路径，为投资者和利益相关者提供关于企业资金运作的清晰画面。

（一）经营性现金流量

经营性现金流量作为反映企业日常运营活动现金流入与流出的重要指标，为企业的财务稳健性和运营效率提供了直接的衡量标准。

1. 经营性现金流量的构成

经营性现金流量由经营性现金流入和经营性现金流出两部分构成。

（1）经营性现金流入：主要来自企业日常的销售活动或服务提供，反映了企业产品或服务的市场接受程度。此外，还包括从客户处预收的款项等，这些都是企业稳定运营的基石。

（2）经营性现金流出：包括购买原材料、支付员工工资、缴纳税费等日常经营成本。这些支出是企业维持正常运营所必需的，同时也是评估企业运营效率的关键。

2. 经营性现金净流量

经营性现金净流量反映企业日常经营现金流状况。正值意味着收入大于支出，现金流充足，可以支持企业的运营和投资活动。负值可能表明支出大于收入，企业可能面临扩张、投资或临时运营的挑战。若长期为负，则可能暗示企业存在财务问题或需要寻求外部融资。

以 A 企业为例，从表 2-5 中我们可以观察到，A 企业在某一期间的经营性现金流入为 15 000 万元，而经营性现金流出高达 30 000 万元，导致经营性现金净流量为 -15 000 万元。这意味着，在这一期间，A 企业的日常经营活动所产生的现金收入不足以覆盖其运营成本，存在一个明显的现金缺口。

表 2-5 经营性现金流量

业务	发票金额	收到或支付金额	计入现金流量表金额
收到产品收入 / 万元	40 000	15 000	15 000
经营性现金流入小计 / 万元	—	15 000	15 000
购买原材料 / 万元	15 000	10 000	10 000
购买固定资产 / 万元	30 000	15 000	15 000
支付人员工资 / 万元	5 000	5 000	5 000
经营性现金流出小计 / 万元	—	30 000	30 000
经营性现金净流量 / 万元	—	-15 000	-15 000

这种情况可能迫使 A 企业寻求外部融资，如通过银行贷款或出售资产来弥补这一现金缺口。

（二）筹资性现金流量

筹资性现金流量反映了企业通过筹资活动所获得的现金流入，以及由此产生的现金流出。

1. 筹资性现金流量的构成

筹资性现金流量主要由筹资性现金流入和筹资性现金流出两部分构成。

（1）筹资性现金流入：主要包括企业从银行或其他金融机构借入的资金、发行债券所获得的资金以及股东追加的投资款等，其为企业提供了运营和扩张所需的资金支持。

（2）筹资性现金流出：主要包括企业支付的借款利息、偿还的借款本金、支付的债券利息以及支付的股息等，其反映了企业为了筹资所需承担的财务成本。

2. 筹资性现金净流量

筹资性现金净流量反映企业通过筹资活动获得的净现金流入。正值表示企业成功筹集资金，运营和投资的机会增加了，但同时也可能增大财务风险和偿债压力。负值则可能表示筹资困难，如银行贷款难或投资者信心不足，这可能限制企业的运营和扩张，甚至威胁企业生存。

（三）投资性现金流量

投资性现金流量表展现企业在资金充裕时进行的对外投资所产生的现金流量。投资活动的现金流分为流入和流出两部分。流入部分主要包括收回的投资和投资收益，流出部分则包括投出的资金和无法收回的款项。此表反映了企业对外投资活动的资金状况。

A 公司，作为一家资金充裕的企业，于 2019 年决定向子企业投入 3 000 万元以支持其新产品线的开发。这一战略决策体现了 A 公司对子企业未来发展的坚定信心以及对市场扩张的积极预期。两年后的 2021 年，子企业开始展现其成长潜力，向 A 公司分配了 800 万元的股利。这一回报不仅验证了 A 公司投资决策的正确性，也为 A 公司带来了实实在在的财务收益。

A 公司后来遇到资金短缺问题，决定从子企业收回部分投资款——2 400 万元，即投资款的 80%。这笔资金帮助 A 公司缓解了资金压力，并为公司的持续运营提供了必要的支持。

四、三表联动：全面解读企业财务状况

资产负债表、利润表和现金流量表是企业财务的核心组成部分，它们之间的关系简单而深刻。资产负债表记录的是某一特定时点的数据，即期末的资产和负债余额。与此不同，利润表和现金流量表反映的是一段时期内的累计数据，展现了企业在报告期内的运营成果和现金流动情况。

（一）全面反映经营管理数据

这三张报表共同构成了企业全面经营管理的数据体系。资产负债表让我们看到企业的资本结构和所有者权益的情况；利润表让我们了解企业的盈利能力和成本控制水平；而现金流量表让我们可以洞察企业货币资金的流动情况。这些数据综合起来，让我们全面而清晰地了解了企业的经营状况。

（二）预测未来业务发展

三张报表不仅反映了企业的当前状况，还能够帮助我们预测未来的发展趋势。通过对近三年的数据进行深入分析，管理者可以洞悉业务和盈利的变化，从而更精准地预测企业的运营情况。他们关注业务比率，寻找利润的增长点，并据此制定企业的发展战略。可以说，这三张报表既是企业健康的"体检报告"，也是指引企业前行的"导航图"。

例如，企业近三年的净利率维持在 8% 左右，而管理者对未来收入的增长有明确的规划，如增长至 30 000 万元。那么，根据净利率指标，管理者可以预测企业未来的净利润大约为 2 400 万元。

资产负债表、利润表和现金流量表这三张财务报表共同构成了企业财务状况的全面展示。它们之间的关系紧密而互补，为企业的决策、投资和债权评估提供了重要的依据。

第二节　财务报表在企业管理中的应用

企业管理者在决策和日常管理中应积极运用财务报表思维，将财务报表数据转化为对企业运营有指导意义的信息。

一、资产负债表优化企业战略

资产负债表能够展现企业的资产和负债状况，进而揭示企业的运营模式和战略方向。通过分析资产负债表，我们可以判断企业是重资产还是轻资产。重资产企业的长期资产占比较大，而轻资产企业的流动资产或无形资产占比较大。这也在一定程度上反映了企业的发展战略，如是否以研发技术或产品制造为核心。

（一）资产结构

1.重资产企业

重资产企业的资产结构主要特点是长期资产占比较大。通常，我们可以通过比较 2 年期以上的资产与 2 年期以内的资产的比率来识别重资产企业。这个比率在重资产企业中往往会大于 1。

例如，A 企业是一家科技型制造业企业，其采购了一台价值 3 000 万元的大型制造设备用于生产科技产品，同时采购了价值 200 万元的原材料。这台大型制造设备属于 2 年期以上的资产，而原材料属于 2 年期以内的资产。在这种情况下，2 年期以上资产与 2 年期以内资产的比率会远大于 1，显示出 A 企业的重资产特征。

为了提高重资产企业的净利润，一个关键的策略是将企业转型为高科技的先进制造业企业。

例如，B 企业是一家传统制造业企业，已经投入了 1 000 万元的设备用于生产传统产品。这条生产线的产能是每年 5 000 万元，需要工人 200名。相比之下，A 企业采购的 3 000 万元先进生产线，仅需 40 名工人，每年的产能高达 20 000 万元。这种技术升级显著提高了生产效率和产能，从而增加了企业的净利润。

从表 2-6 中可以看出，通过技术升级和引入先进生产线，A 企业实现了更高的产能和更低的成本，从而显著提高了净利润。

表 2-6 B 企业和 A 企业的利润情况

项目	B 公司	A 公司	差额	说明
产能收入 / 万元	5 000	20 000	15 000	
设备投入 / 万元	1 000	3 000	2 000	
折旧 / 万元	47.5	142.5	95	设备投入 ×（1- 残值率 5%）÷20 年
人工费 / 万元	2 400	480	-1 920	工人人数 × 每月 1 万元 ×12 个月
原材料 / 万元	500	2 000	1 500	产能收入 ×10%
制造费用 / 万元	100	400	300	产能收入 ×2%
毛利 / 万元	1 952.5	16 977.5	15 025	产能收入 - 折旧 - 人工费 - 原材料 - 制造费用
毛利率	39%	85%	46%	

2. 轻资产企业

（1）资产结构。轻资产企业的资产结构特点在于，2 年期以上的长期资产与 2 年期以内的资产的比率区间为［0，1）。这意味着这些企业的资产主要是流动资产，而非长期、大额的固定资产。

例如，P 企业作为一家科技型软件开发企业，其核心资产为电脑和开发工具。考虑到电脑的使用年限为 2 年，不被归类为 2 年期以上的长期资产，因此 P 企业的资产结构符合轻资产企业的定义。

（2）盈利改造。轻资产企业广泛分布于互联网、电子商务、软件、酒店运营等服务型行业，以及商业、房地产销售等销售与贸易型行业。盈利改造的核心目标是提升企业的净利润。实现这一目标的方式多样，包括但不限于提高员工效率、降低成本费用以及优化税务结构。

例如，C酒店运营企业作为传统的酒店管理企业，面临盈利模式的优化问题。通过对比分析加盟连锁与管理输出两种模式（见表2-7），我们发现管理输出模式在净利润上明显高于加盟连锁模式，能为企业带来更大的收益空间。

表2-7　盈利模式

项目	加盟连锁（1）	管理输出（2）	差额（2）-（1）	说明
收入/万元	1 500	4 200	2 700	加盟费100万元，每年增加15家，管理输出按收入的20%收费，每年管理7 000万元酒店3家
薪酬费用/万元	150	420	270	按收入10%计算薪酬
其他费用/万元	225	630	405	按收入15%
税金/万元	75	210	135	按收入5%
净利润/万元	1 050	2 940	1 890	收入－薪酬费用－其他费用－税金

（二）负债结构

1. 短期负债与长期负债的比率

企业的负债结构，特别是短期负债与长期负债之间的比率，是判断其资产结构特点的重要依据。重资产企业在购置大型设备、进行长期投资时，往往依赖长期负债来满足资金需求。这导致它们的短期负债通常低于长期负债，短期负债与长期负债的比率一般小于1。相反，轻资产企业的资金需求更多地依赖于短期负债，这一比率可能会更高。

2. 避免短债长投

无论企业是轻资产还是重资产类型，都需要警惕并避免短债长投的风险。短债长投，简而言之，就是企业利用短期借款来购置长期资产的行为。这种策略在短期内看似能够解决资金问题，但从长期来看，它可能会引发严重的财务问题。

例如，R企业从银行借了3 000万元的流动资金贷款，原计划用于购买原材料。然而，企业管理者临时决定改变资金用途，用这笔短期贷款来购买一套价值3 000万元的设备。他们计划在企业收到回款后归还银行借款。

不幸的是，企业遭遇了百年不遇的金融危机，收入大幅下降50%，回款也减少了40%。由于收入没有达到预期，企业无法按时归还3 000万元的流动资金贷款。这直接导致企业资金链断裂，进而引发了一系列连锁反应：银行将企业告上法庭，企业的名誉受损，收入继续下滑，供应商纷纷前来讨债，甚至员工的工资都无法支付。企业内部和外部都陷入了严重的困境。

更为糟糕的是，当初采购的3 000万元设备已经大幅贬值。企业陷入了恶性循环，财务状况持续恶化，最终破产。

二、利润表重塑企业持续盈利结构

企业的收入增长率、销售成本率、费用率等指标为管理者提供了深入了解企业盈利状况的视角。通过优化这些比率，企业可以调整盈利结构，进而实现持续稳定的盈利增长。

（一）收入增长率

收入增长率是衡量企业市场拓展能力和盈利增长潜力的重要指标。企业收入的高低不仅受市场认可度影响，还与所处行业的特性息息相关。在红海市场，由于竞争激烈，企业的收入增长率可能下滑，导致市场份额缩减。相反，在蓝海市场，由于市场不饱和且竞争较少，企业拥有更大的增长潜力。

（二）销售成本率

销售成本率反映了企业在销售过程中所发生的成本与销售收入之间的比例关系。为了获得销售收入，企业必须投入相应的成本，这些成本可能包括产品制造成本、人工成本、材料成本等。销售成本与销售收入之间的差额构成了企业的毛利。因此，销售成本率的高低对企业的盈利水平有着直接的影响。

例如，F 企业作为机器人装备企业，其年收入为 200 000 万元，成本为 150 000 万元，销售毛利率为 25%。与对标企业 G 企业相比，G 企业的年收入为 500 000 万元，成本为 350 000 万元，销售毛利率为 30%。F 企业若要提高 5% 的销售毛利率，需在原有基础上降低 5% 的销售成本率。

（三）费用率

费用率，即企业费用与销售收入之间的比率，是衡量企业管理效率和成本控制能力的重要指标。企业的后勤保障机构，如人事、财务、经营管理和销售等部门，虽然不直接参与产品的生产和销售，但它们的存在和运营对于企业的顺畅运作至关重要。这些部门的费用支出，如员工培训、招聘、财务管理、税务管理、投融资管理、运营保障以及销售成单等，都是为了支持企业的核心业务。

在利润表中，费用通常按照员工分工类型进行分类记录。销售费用主要包括与销售活动直接相关的费用，如销售人员薪资、差旅费等；管理费用涵盖了企业日常运营所需的各项费用，如人事、财务、法务、行政等部门的开支；财务费用则反映了企业的短期负债利息、银行手续费以及与资金运作相关的其他费用。

例如，F 企业作为机器人装备企业，每年收入 200 000 万元，费用为 80 000 万元，销售费用率为 40%。相比之下，对标的 G 企业每年收入 500 000 万元，费用为 150 000 万元，销售费用率为 30%。可以看出，F 企业的费用率相对较高，这可能会对其盈利能力造成压力。

（四）所得税税负率

所得税税负率是指企业实际缴纳的所得税与其收入之间的比率。根据《中华人民共和国企业所得税法》及相关细则，企业需按照法定税率计算和缴纳所得税。然而，所得税的缴纳并非简单地按固定税率计算，而是涉及一系列税务筹划和优惠政策的应用。

税务筹划是企业通过合理利用税法规定和优惠政策降低实际税负的过程。这要求企业管理者对税法有深入的了解，能够准确把握各项优惠政策的适用范围和条件，以便在合法合规的前提下，最大限度地降低企业税负。

例如，国家针对中小微企业、自主择业军官、残疾人等特定群体或特定情况，出台了一系列所得税优惠政策。这些政策旨在鼓励企业发展、支持特定群体就业等，企业应积极关注和申请这些优惠政策，以享受政策红利。

例如，F 企业作为机器人装备企业，每年收入 200 000 万元，实际缴纳所得税为 30 000 万元，所得税负率为 15%。而对标的 G 企业，每年收入 500 000 万元，实际缴纳所得税为 50 000 万元，所得税负率为 10%。F 企业的所得税负率相对较高，这意味着 F 企业在税务筹划方面还有一定的优化空间。

（五）净利率

净利率，即净利润与销售收入之间的比率，是衡量企业经营效益和盈利能力的重要指标。在进行企业管理时，对盈利结构进行规划是至关重要的。盈利结构规划涉及对利润表中各项成本费用的控制和优化，以实现预定的净利率目标。

例如，去年某企业实现销售收入 20 000 万元，成本为 14 000 万元，费用为 3 000 万元，所得税为 1 600 万元，净利润为 1 400 万元，净利率为 7%。今年，该企业规划实现销售收入增长率为 5%，同时通过对成本、费用和所得税的合理控制，规划实现净利率为 13%。该企业的营利结构规划如表 2-8 所示。

表 2-8　营利结构规划

项目	去年 / 万元	去年比率	收入增长率	今年规划 / 万元	规划比率
收入	20 000	100%	5%	21 000	100%
成本	14 000	70%	—	13 650	65%
费用	3 000	15%	—	2 730	13%
个人所得税	1 600	8%	—	1 890	9%
净利润	1 400	7%	—	2 730	13%

三、现金流量表指导企业投融资决策

现金流量表反映企业经营活动现金流状况，是投融资决策的重要依据。经营性现金净流量为正，表明企业运营资金充足，能为投资活动提供资金支持；若经营性现金净流量为负，则表明企业面临资金短缺。

（一）成熟企业的融资策略与财务激励

成熟企业往往具备稳定的营收和较强的抗风险能力，这使得它们在寻求融资时具有一定的优势。当成熟企业面临资金短缺时，银行借款往往成为首选的融资方式。这种方式不仅能为企业提供稳定的资金流，而且因为是债务而非股权，所以不会影响企业的控制权。此外，成熟企业通常能够享受到更优惠的借款利率，这进一步降低了融资成本。

表 2-9 展示了银行借款对企业利润的影响。在这个例子中，财务总监通过其出色的议价能力，成功为企业争取到了 4% 的优惠利率，从而节省了 200 万元的利息支出。作为奖励，财务总监获得了 20 万元的控制薪酬，这既是对其个人能力的认可，也对其他员工起到了积极的激励作用。

表 2-9   银行借款

项目	借款本金	正常利率	优惠利率	利息收益差额
资本成本	20 000 万元	5%	4%	200 万元

（二）发展中企业的融资策略与风险控制

发展中企业因其快速增长的业务和不断扩大的市场需求，往往面临多样化的融资需求。这些需求决定了企业融资方案的多样性。对于有上市意图的企业，资本运作成为关键。通过与投资机构合作，企业可以迅速获取大量资金，加速发展。但在这一过程中，企业需要警惕控制权的潜在流失。相比之下，银行借款为企业提供了稳定的资金来源，同时保持了企业的控制权。这是发展中企业在融资时的另一重要选择。

然而，不论是选择上市融资还是银行借款，管理者都需要仔细评估股权稀释的风险，特别是在涉及对赌协议等高风险策略时，更应谨慎行事，以确保企业的稳定发展。

（三）初创企业的融资策略与资源配置

初创企业，由于成立时间不长，其商业模式仍处于探索阶段。除了资金短缺外，企业还需寻找合适的合伙人构建团队，并积累资源。因此，管理者必须全面评估企业的发展状况，以做出明智的决策。对于采用传统商业模式的企业而言，找到志同道合的合伙人和匹配的员工至关重要。随着商业模式的逐渐清晰，企业可以寻求天使投资人的支持。

例如，A 企业是一家发展相对稳定的企业。该企业计划进行投融资管理，并规划 2022 年经营性现金净流量为 −2 000 万元（即存在 2 000 万元的资金缺口）。为解决资金问题，企业有两种方案可选：一是通过银行借款 2 000 万元，年利率为 5%；二是引入投资人投入 2 000 万元，股东需出让 10% 的股权。

通过表 2-10，我们可以清晰地看到两种方案的成本差异。银行借款，每年的利息费用为 100 万元。而引入投资人，不仅需要分配投入期的股权股息，还要在未来投资人持有期间持续分配股权股息。从表 2-10 的成本金额来看，方案一，即向银行借款对企业而言似乎是更好的选择，因为它不会产生持续的股息和现金流支出。

表 2-10　投融资管理

项目	金额	利率 / 股权比例	规划利润	当年成本金额
银行借款	2 000 万元	5%		100 万元
投资款	2 000 万元	10%	2 730 万元	273 万元

需要注意的是，这两种方案的前提都是企业必须实现规划的净利润。如果企业持续亏损，投资人将承担相应风险。

第三章

用财务思维作决策

第一节　决策性思维的培养与应用

在企业管理的深层逻辑中，常被管理者忽视的一个核心问题是：企业并非无生命的组织，而是一个充满活力的生命体。这个生命体的生命力来源于全体员工的共同努力和投入。员工不仅是企业的执行者，更是企业生命体的守护者。

一、什么是决策性思维

决策性思维，特别是针对未来的预测和规划，对于企业的持续发展至关重要。以下是决策性思维的四个关键要素。

（一）前瞻性

管理者应具备前瞻性的决策思维，能够预见并评估未来可能出现的各种情况。例如，在签订技术合同时，不仅要考虑当前的技术能力和市场需求，还要预测未来技术的发展趋势、市场竞争的变化等因素，从而制定出动态的数字化指标决策标准。

（二）决策标准

决策标准应当与企业的战略规划保持一致。战略规划是企业发展的指南针，所有的决策都应当围绕它进行。在签订合同时，管理者需要确保合同内容与企业战略规划相符，避免因追求短期利益而忽视长期规划。

（三）营利性

合同的签订还需要考虑销售毛利率。如果合同无法为企业带来足够的利润，那么即使合同金额再大，也不值得签订。

（四）履约能力

管理者还需要充分评估企业的履约能力，包括技术水平、材料采购等各方面的能力。如果企业无法按照合同条款履行义务，这不仅会使企业面临违约风险，还会损害企业的声誉和客户关系。

二、如何运用决策性思维

决策性思维的应用强调了管理者在决策过程中对前提条件的深入梳理和充分考量。这种思维方式的核心在于确保决策的全面性和准确性。以下是一个具体的应用实例。

某企业在分析2019—2021年的生产成本数据时注意到：原材料、直接人工和制造费用的增长率一直在变化。为了探索原因并寻求降低成本增长率的途径，管理者采取了以下步骤。

第一步，问题分析：通过对比三年的成本数据，管理者识别出生产成本增长率的变化趋势和差异。

第二步，策略制定：管理者与采购、技术和生产部门紧密合作，制定了一系列有针对性的策略，如优化采购策略、采用数字机床替代部分人工操作、推广无纸化办公软件等。

第三步，决策评估：管理者运用决策性思维与专家共同梳理和评估了这些策略的前提条件，确保决策的合理性和可行性。

第四步，实施与监控：企业迅速行动起来实施这些策略，并通过数字化指标管理标准进行监控和评估，以确保策略的有效实施。

第五步，总结与反馈：企业不断总结经验教训，对策略进行调整和优化，以确保达到预期的成果。

在这个过程中，决策性思维的应用体现在以下几个方面。

（一）管理数据化分析

现代企业管理中，数据化分析对决策至关重要。财务管理部门将决策事项和内容整理成决策前提条件表格，财务负责人汇报数据背后的制度和流程规范性、过程指标执行情况以及员工能力匹配度。

（二）提出拟定的解决方案

在决策过程中，管理者需要首先明确决策的动态数字化指标管理标准。根据分析结果，决策负责人应进行深入的策略研讨，提出并拟定符合决策标准且不会消耗企业额外资源和成本的策划方案。

以某企业面临的库存管理问题为例，部门负责人提出了两个改善方案并提供了相关的数字化指标数据。管理者运用决策性思维，基于数字化指标数据的预测结果进行对比分析，最终选择了更具经济效益的方案。

（三）过程控制方案的执行与评估

过程控制方案的核心在于其执行过程。为了确保方案能够按照既定的目标和要求执行，同时不改变原有的文件内容，企业引入了实时表单控制的方法。财务管理人员在过程中扮演着至关重要的角色，他们需要实时向管理者汇报关键数据，并在发现与规划不符的情况时及时提交问题以供管理者进行中期决策。

在方案执行结束后，财务管理人员需负责对该方案的执行效果进行评估。为此，他们会计算信用比率，以此来衡量实际完成情况与计划目标之间的对比关系。通过对评估结果的整理和报告，管理者能够对方案的整体执行效果进行全面而深入的评估，这些评估结果为后续决策提供依据，以便进行必要的调整。

三、管理层如何培养决策性思维

管理者的决策性思维在企业运营中扮演着至关重要的角色。它要求管理者在面对预计要发生的事件时，能够迅速、准确地作出决策，并对决策可能产生的结果进行事前评估。

（一）明确企业管理数字化指标

企业管理数字化指标是随着企业发展而不断变化的量化评估体系，旨在确保企业战略规划与运营管理的同步。这些指标不仅反映了企业当前的运营状态，而且为企业的决策提供了数据支持。

以 A 企业为例，该企业 2020 年收入增长率为 14%，2021 年提高至 16%，表明企业在市场拓展方面取得了积极成果。然而，销售成本率从 2020 年的 10% 下降到 2021 年的 8%，这可能意味着企业在盈利能力管理方面出现了问题。为确保持续盈利，A 企业需要在 2022 年努力将销售成本率恢复至 2020 年的 10% 标准。

（二）收入与指标的关系

企业战略规划数字化指标管理标准全部与企业规划收入相关，因为企业的所有运营活动，包括资源的投入、成本的产生和费用的支出，最终目的都是实现收入的增长和盈利。如果偏离收入，所有的付出就都没有价值。

战略数字化指标管理按照五大能力进行划分。这些能力指标的权重不仅反映了企业的综合表现，还决定了企业价值成长的潜力。

以 A 企业为例，其近三年在五大能力上的评分逐年上升，表明 A 企业在各方面能力上均取得了显著进步，整体发展能力强劲。

（三）变动对现金流的影响

营运能力在企业管理中具有关键作用，直接影响企业现金流的流入和流出效率。应收账款周转率和存货周转率作为衡量营运能力的重要指标，能够反映企业的资金回收和库存管理效率。当应收账款周转率低时，意味着企业的资金回笼速度较慢，可能导致现金流入受阻，影响企业的资金流动性。而存货周转率低则表明企业的库存积压较多，导致现金流出过快，会增加企业的资金压力。

（四）变动对净利润的影响

管理中盈利能力的变化深刻影响着企业净利润。当收入增长率低时，这往往暗示着企业的未来发展可能会遭遇瓶颈，其开源策略可能存在问题，这时，企业需要对战略规划进行重新评估和调整，以寻找新的增长点。另一方面，如果销售费用率偏低，这可能反映出企业管理成本的上升，这种内卷消耗可能长期侵蚀企业的净利润。

四、俯视视角下的决策性思维

在决策过程中，管理者必须运用俯视的决策性思维，特别是当涉及企业战略规划的前提条件时。这种决策方式要求管理者从企业长期发展的全局视角出发，以更广阔的视野来审视和评估决策项目。由于这种决策通常涉及的时间周期长、不确定因素众多，因此要求管理者具备出色的预判能力。

在这种情况下，管理者需要站在一个更高的层次上，俯视整个战略发展周期。他们需要基于自身及行业专家的预判和前瞻性思考，以五年以上甚至更长的视角来审视和评估决策项目的战略规划是否正确。同时，管理者还需要参考已经取得成功的对标企业，通过对这些企业的战略规划进行深入的分析和比较，来预判和评估自己企业的战略方向是否正确。这样，管理者才能更加准确地把握企业未来的发展方向，制定出更加符合企业长期利益的战略规划。

第二节　制度与决策性思维的融合

决策性思维的有效实施，离不开制度、流程和适配的高管团队的共同支撑，它们共同确保了决策的执行力度和效果。

一、制度：决策性思维的基石

制度是企业文化和行为的准则，管理者在决策时需将其融入方案中。

（一）文化制度

文化制度是决策性思维得以落地的灵魂。决策方案的实施需要文化制度的监督和约束，缺乏文化制度的支撑，决策方案将显得苍白无力。管理者应重视每一个决策，因为企业的发展是由众多决策共同塑造的。同时，文化制度也需要随着决策方案的变化而不断优化，以匹配企业的最佳实践。

（二）行为制度

行为制度用于规范企业行为，它确保员工能够按照管理者制定的方案来执行任务。这些方案中的质量要求、时间要求以及员工之间的协作方式等，都需要行为制度来具体规定和约束，以确保任务的顺利完成。

二、流程：确保决策性思维的执行

流程是确保企业各项制度相互衔接的关键环节，它贯穿了企业运营的始终，将所有环节紧密相连，形成一个有机的整体。流程包括企业整体流程、分支流程以及正向流程和逆向流程。

（一）整体流程

企业整体流程全面反映了企业从战略规划到员工规划的整个过程，可以通过全盘思维导图进行清晰呈现。这一流程如同人体的动脉血管，遍布企业的各个关键节点，形成了企业的"生命线"。它确保了企业各项活动的顺畅进行和高效协同，为企业的稳健发展提供了坚实的基础。

1. 跨部门横向流程

跨部门横向流程是企业打破内部隔阂、实现全面协同的关键环节。在规划这一流程时，对时间的精准把控尤为重要。时间的关键路径不仅决定了整个横向流程的效率和节奏，更是评估项目进展和预测潜在风险的重要指标。以房地产企业为例，从市场部对地域的深入考察，到最终的房屋交付，整个过程中涉及多个部门的紧密协作，每个部门都需要按照关键路径的时间节点来推进工作，以确保项目的顺利进行。

2. 部门内纵向流程

部门内纵向流程是跨部门横向流程的补充，确保企业内部各个层面和环节的工作能够顺畅、高效地进行。如果将企业比作一个有机体，那么部门就相当于这个有机体的各个器官，而部门内纵向流程则相当于器官内的动脉血管，负责将资源和指令输送到每个细胞，维持整个有机体的正常运转。

以某房地产企业为例，该企业从开发到交房需要 12 个月的时间。然而，由于天气原因，施工方晚交工 20 天，导致销售部门延迟开盘 30 天。这意味着企业晚收到房款 2000 万元。如果该企业的房地产借款利率为 12%，每个月的利率为 1%，那么企业延迟 30 天收款，就会导致 20 万元的利息支出。这是一笔因为流程节点管理不善而导致的利润损失。

（二）分支流程

分支流程是确保企业整体流程有序、连续的关键要素。这些流程主要包括各部门间的突发流程、预警流程以及监控流程等。

1. 突发流程

在企业运营中，突发流程起着至关重要的作用。当企业面临一些突发的、非计划内的情况时，突发流程能够迅速启动，协调各部门资源，以应对这些意外状况，保障企业整体流程在面临突发干扰时仍能尽可能有序、连续地运行。

2. 预警流程

企业的整体流程在内部经营管理正常的情况下运行得井然有序。然而，正如人体在遭遇季节变化或外部因素影响时可能会生病一样，企业的整体流程也可能因为内部任务和执行人的变化而出现问题。这些问题就像是企业的"预警信号"，提示管理者需要及时介入和调整。

3. 监控流程

监控流程如同企业运营的小卫士，不断监测整体流程的健康状况，及时发现预警事件、突发事件以及需要纠正的流程问题。一旦发现这些问题，财务管理人员会迅速向管理层报告，以便管理层及时作出调整和优化。

（三）正向流程

正向流程，作为企业搭建网络基础设施的过程，其重要性不言而喻。这一过程类似于在城市中精心铺设的地下管道网络，需要依据详尽的设计图纸，按照既定的顺序进行施工。同样，正向流程也需要企业严格遵循预先制定的战略设计方案，确保每一步的实施都能有序、高效地进行。

（四）逆向流程

逆向流程，作为企业在正向流程搭建完成后的一个重要环节，其目的在于对已经构建的网络和流程进行全面的检验和审查。运用逆向流程思维的管理者在这一环节中发挥着反向扫雷的关键作用。

三、用人：决策性思维的关键

管理者在企业的运营中肩负着识人、用人的重要职责，这是企业战略规划得以实现的基础。

（一）识人：奠定决策思维的实现基础

识人是管理者管理职责的核心，需要聪慧的眼光和敏锐的直觉来精准评估人才。

1.价值观是否一致

选拔高管时，价值观一致性至关重要。例如，A企业强调"正己利他"文化，通过提问考察高管行为倾向，确保他能真正践行这一价值观。契合的价值观有助于企业和员工共同成长。

2.能力是否适合

招募高管时，既要确保候选人的价值观与企业文化契合，也要全面评估其领导力和胜任能力，以确保为企业招募到合适的人才，推动企业的持续发展。

3.支持意识是否强

招募高管时，管理者应全面考量候选人的文化契合度、领导力、胜任能力和支持意识。支持意识要求高管不仅是领导者，更是团队的后盾，能够提供资源和指导。

（二）用人：驱动决策性思维落地

在招募到合适的高管后，管理者面临的关键问题是如何让这些人才充分发挥作用。用人的决策性思维对于实现企业的战略规划至关重要。

1.思维进化频率

在当今快速变化的商业环境中，企业的思维进化频率已成为衡量其竞争力的重要指标。每天，企业的员工都需要密切关注自己的每日数字化管理指标达成率，这不仅是对工作成果的量化评估，更是推动个人和企业思维进化的关键。

以 A 员工为例，他规划的洽谈率为 20%，但实际达成了 21%。这多出的 1% 背后可能隐藏着诸多因素，如沟通技巧的改进、市场洞察的深化或是客户需求的精准把握。A 员工需要深入分析这些原因，并思考如何在下一天进一步提高洽谈率至 22% 或更高。

2.行为进化蜕变

行为进化是思维和心灵深度提升的直接表现。当思维更加敏锐，心灵更加充实，行为自然而然地展现出更高级别的适应性和效能。

（1）工作效率提升。行为是心灵的影像，当员工的思维进化程度越高，这种内在的成长将直接反映在他们的行为上，进而促使员工的工作效率得到更快的提升。这是因为随着思维的进化，员工能够更好地理解工作任务，找到更高效的工作方法，优化工作流程，减少不必要的耗时，从而更加高效地完成任务。

（2）员工的幸福感提高。员工的幸福感源于自身的体验，这一点在他们的工作中尤为明显。工作不仅为生活提供了物质保障，更是员工实现自我价值、展现才能的重要平台。在这个平台上，员工思维的进化程度直接影响到他们的工作体验和幸福感。当员工的思维进化速度加快时，他们能够更好地理解工作任务，发现工作中的乐趣和挑战，从而提高工作效率和质量。

（3）员工态度积极。员工积极的态度往往源于他们内心的幸福感和对工作环境的舒适感受。当员工感到幸福和满足时，他们更倾向于以积极的态度面对工作。

值得注意的是，工作中的舒适并不意味着像退休后的生活一样休闲。相反，工作中的舒适更多地体现在一个支持性、鼓励性的环境中，在这样的环境中，员工能够随时迎接挑战，并从中获得成长和进步。

（4）及时发现突发问题。在企业的日常运营流程中，员工通常作为执行者处于流程的末端。这一位置使他们能够直接感受到外界环境的突发变化，因此员工对于突发变化的敏感度显得尤为重要。而这种敏感度实际上来源于员工自身的应变能力。

当外部环境突发变化时，员工需要迅速做出反应，以最小化突发变化对企业运营的影响。这种迅速的反应不仅体现了员工的积极性，更直接关系到处理突发事件的时间成本。

（5）员工有服务意识。企业的服务是其生存与发展的核心。它不仅代表了企业的形象和声誉，更是维持客户黏性的关键要素。在日常工作中，员工应当时刻为客户着想，急客户所急，真心实意地为客户提供帮助和支持。这种服务态度不仅仅是一种职业要求，更是一种内在的思维进化。同时，员工还需要将服务意识与利他思维相结合。服务的本质是帮助他人，这种帮助应当是真诚和无私的。

第四章

用财务思维管理企业

企业作为一个经济实体，需要有一套行之有效的管理标准来确保其稳健成长。这套管理标准的核心，就是财务思维。

第一节　五大能力指标

企业财务管理的五大关键要素分别为外部环境、管理思维、资源匹配、管理标准和生态管理。

（一）外部环境

企业外部环境是企业所处的政治、社会、技术和经济环境的综合体现，特别是与企业所在行业紧密相关的环境。这个环境构成了企业发展所依赖的土壤和背景。政治环境涉及政策导向和法规变动，会直接影响企业运营。社会环境包括文化、人口结构和社会价值观，塑造了市场环境和消费者需求。技术环境推动创新，影响着企业竞争力。经济环境涉及宏观经济和供需状况，影响着企业的盈利和竞争力。

（二）管理思维

管理思维指的是与管理行为并行的思考活动，即管理者在执行管理任务时所进行的思考。这包括了对组织目标、战略规划、资源配置、团队协调以及决策制定等多个方面的深入分析与考量。

管理思维不仅仅是简单的日常决策，更是一种系统性的思考方式，它要求管理者具备全面、前瞻和创新的思考能力。在管理过程中，管理者需要不断地收集和分析信息，评估组织的内外部环境，预测未来的发展趋势，并据此制订合适的战略和计划。同时，他们还需要在团队中建立良好的沟通机制，协调各方资源，确保组织的顺畅运行。

（三）匹配资源

资源匹配指企业管理者根据管理目标合理配置人、财、物等资源。管理者需全面评估资源，确保有效整合与利用，以创造价值。为实现这一目标，管理者应评估现有资源的状况和潜力，并制订详细的资源分配计划。有效的资源匹配可以提升企业的运营效率、促进创新和增强竞争力，同时激发员工的积极性和创造力，为组织的长远发展奠定坚实的基础。

（四）管理标准

管理标准涉及企业在投资和整体管理上的绩效与平衡要求。这包括战略标准、过程标准和结果标准，它们阶段性地映射出企业的发展状态。具体而言，战略标准确定了企业长期发展的方向和目标，为资源配置和决策制定提供指导；过程标准关注实现目标的方法和流程，确保企业活动顺利进行；结果标准如投资回报率等财务指标，直接反映企业短期内的经营成果和经济效益。

（五）生态管理

罗伯特·C.萨罗定义了生态管理方法论，强调利益相关者参与，制订可持续方案，可以维护生态系统健康与多样性，提升生活质量。为了实施这种方法，我们可以引入财务思维，为生态系统管理活动制定价值指标标准。这意味着将利益相关者的活动与其对生态系统的价值直接挂钩，从而确保每一项活动都具有明确的经济、社会和环境价值。

第二节　盈利能力：企业生存与发展的基石

盈利能力是企业获取利润的能力，也是其生存发展的根基。关键的盈利能力指标包括收入增长率、销售成本率、销售费用率和销售净利率。

一、收入增长率

收入增长率是企业本年收入增加额与上一年收入总额的比率，这一指标直接反映了企业市场占有率的提升和企业发展的速度。

（一）收入增长率的特点

（1）客观性。收入增长率具有客观性，这是因为它基于企业经营业绩的实际金额进行计算。这些金额经过严格的财务记录和核实，确保了它们的客观性和准确性。

（2）数字化。收入增长率具有数字化的特性，只有以数字化的形式呈现，才能实现对其的计量评估。这种数字化的表达方式使得收入增长率更为具体、可量化，从而方便进行比较和分析。

（3）可比性。收入增长率的可比性主要体现在横向比较和纵向比较这两个维度上。

横向比较是评估企业在不同行业环境中相对表现的关键方法，尤其在科技飞速发展和竞争激烈的当下尤为重要。同行业比较能够揭示企业的市场地位，跨行业比较则有助于洞察市场趋势，助力企业发现新增长点并灵活调整战略以适应变化。纵向比较是对比企业不同时期的收入增长率，可以了解企业自身的发展变化情况。

收入增长率是同行业对比的关键指标，反映企业的市场地位与竞争实力。高增长率预示着未来发展潜力，低增长率则可能使企业面临淘汰风险。

（4）优化性。数字化指标管理有助于优化收入增长率，运用财务、心理和统计学分析，企业可以制定针对性的策略，提升竞争力。

（5）变化性。收入增长率随着企业的发展而动态变化，其上限受限于行业赛道的瓶颈，而下限则取决于企业内部增长潜力的挖掘。企业的收入波动由内部和外部因素共同决定。

内部变化对企业收入增长率具有重要影响，它主要依赖于企业内部团队的协作能力，以及建立公开、公平、公正的自我驱动型治理机制。一个协作高效的团队能够提升工作效率，促进资源共享，进而推动收入增长。

外部变化显著影响企业收入增长率，企业受全球及国内政策、经济环境、行业政策和技术进步制约。全球政策影响市场准入和竞争地位，国内经济环境左右消费者需求，行业政策调整引发变革，技术创新提供新增长点。

（二）收入增长率的确定

收入增长率评估对于企业的发展至关重要，我们采用定制化的方法，即根据企业自身的增长能力来设定目标，并致力于超越过去取得的增长率。为了更直观地进行比较，我们将增长率转化为评测分数，例如，将2022年的122%增长率转化为1.22的评测分数。标准点的设定是基于企业过去三年中的最优收入评测分数，这可以成为管理者规划未来增长目标的参考依据。

以科大讯飞为例，通过对其年度财务报表进行评测分析，我们可以发现其收入增长率呈上升趋势，如图4-1所示。

企业收入增长率提升，并不意味着未来收入增长率一定提升。即使收入增长率总体上升，但深入分析收入细分项后，可能会发现某些项的增长率存在风险。

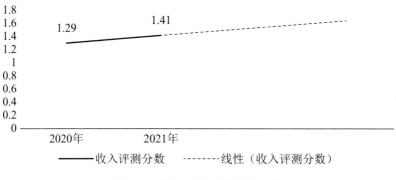

图 4-1 科大讯飞收入增长率分数

科大讯飞的收入构成中，教育产品和服务、开放平台及信息工程是核心部分。从趋势图 4-2 可见，信息工程业务增长迅猛，而教育产品和服务、开放平台的收入则出现下滑。鉴于政策变动对教育产品和服务的影响，管理者应重新定位，将焦点转向非 K12 教育领域，并以 2020 年的 71% 增长率作为新的标准点。同时，开放平台的标准点定为 2020 年的 66%，而信息工程则依据 2021 年的数据设定。

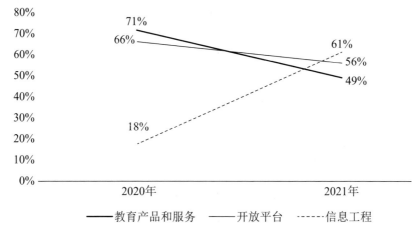

图 4-2 科大讯飞 2020 年与 2021 年收入构成及增长趋势

二、销售成本率

销售成本率作为反映企业每单位销售收入所需成本支出的指标，等于成本与收入的比率，其与毛利率相加等于100%。通过分析收入增长率与毛利率增长率的变化趋势，我们可以洞察销售成本率的变化趋势。为了便于理解，我们将毛利率增长率转化为评测分数进行比较，如企业2022年的毛利率增长率为90%，则对应的毛利评测分数为0.9。通过比较收入评测分数与毛利评测分数，可以判断销售成本率的变化。原则上，在收入评测分数上升的情况下，若收入评测分数低于毛利评测分数，则说明销售成本率下降；若收入评测分数高于毛利评测分数，则说明销售成本率上升。

图4-3展示了科大讯飞的销售成本率变化。从图中可见，科大讯飞2021年的收入评测分数大于毛利评测分数，表明其销售成本率在2022年上升。这提示科大讯飞的管理者需要关注成本控制，特别是信息工程项目，因为其销售成本率呈上升趋势。

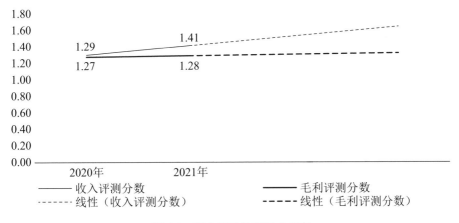

图4-3　科大讯飞的销售成本率

毛利为收入与成本之差，故销售成本率增高时，企业销售毛利率将相应降低。销售成本率的上升亦会直接影响企业净利率。科大讯飞管理者应深入研究销售成本率异常高的项目。如图4-4所示，信息工程项目的销售成本率问题最为突出。

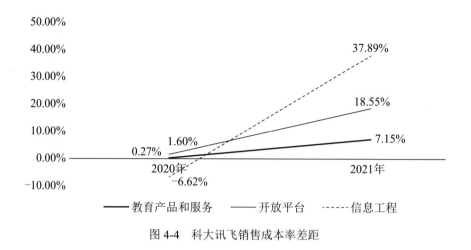

图 4-4 科大讯飞销售成本率差距

（一）销售成本率的价值

作为企业价值的一个减项，销售成本率的高低直接关乎企业的整体价值表现。销售成本率上升，反映出企业的成本结构存在优化空间，这种不合理的成本结构会导致企业战略规划中设定的数字化指标难以有效达成。更为关键的是，当成本增长速度超越收入增长速度时，企业的盈利能力将显著下滑，这一状况极有可能成为企业长期发展的阻碍。

（二）销售成本率的确定

鉴于销售成本率与企业的财务健康状况和市场竞争力紧密相连，管理者应当对销售成本率的动态变化保持高度关注。在确定销售成本率时，管理者需要综合考量以下三个核心要素。

1. 企业高管的胜任能力

企业高管的胜任能力直接关系到企业的整体运营和业绩。从图 4-4 中可见，三个项目的销售成本率都在提高，可见其胜任能力有所下降。特别是在 2021 年，信息工程项目的成本控制表现糟糕，严重影响了企业的净利润。

2. 企业的成本管理水平

企业成本管理水平下滑，会对盈利能力产生负面影响。销售成本率上升暴露出成本控制问题，这些问题往往由多种因素导致。管理者需迅速行动，通过数字化手段规划指标管理，分析成本增加原因，制定有效成本控制策略，并建立数字化监控评估体系。

3. 企业的采购成本控制能力

原材料采购易受外部环境影响，从而增加企业成本。但部分企业运用期货管理工具锁定未来采购成本，成功应对了外部环境变化带来的挑战。这种做法有助于维护企业的盈利能力和市场竞争力。

三、费用率

费用是企业日常经营中产生的经济利益流出，会导致所有者权益减少，但与利润分配无关。费用涵盖了销售、管理、研发和财务等多个方面。费用率则反映了费用与收入之间的关系，是体现企业运营成本的重要指标。其中，销售费用率专门用于评估销售活动的成本效益。营业利润作为收入减去费用的结果，是衡量企业经营效益的关键指标。费用率的上升意味着运营成本的增加，这往往会导致营业利润率的下降，进而影响企业的盈利能力。

在评估企业的费用率时，应结合毛利评测分数与营业利润评测分数进行对比分析。如果毛利评测分数高于营业利润评测分数，表明企业在扣除费用后剩余的利润较少，从而说明企业的费用率偏高。相反，如果毛利评测分数低于营业利润评测分数，则意味着企业在扣除费用后仍有可观的利润，因此其费用率相对较低。

科大讯飞的毛利评测分数与营业利润的评测分数对比如图4-5所示。

2020 年，科大讯飞的毛利评测分数明显低于营业利润的评测分数，显示出良好的费用控制能力。然而，到了 2021 年，情况发生逆转，毛利比营业利润高 0.26 分，这揭示了企业该年度费用率上升的问题，其营业利润率可能受到影响，需管理者关注。

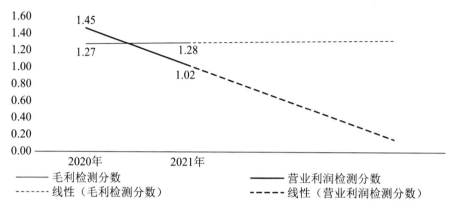

图 4-5　毛利评测分数与营业利润评测分数对比

费用率的提高会导致企业的营业利润降低，进而影响企业的净利润和盈利能力。对于科大讯飞而言，其面临的高费用率问题主要体现在销售费用和管理费用的显著上升，而研发费用却呈现出下降趋势（见图 4-6）。这种费用结构的变化可能表明，企业在市场推广方面的投入过多，而在技术创新方面的投入显得不足。特别是销售费用的巨额投入，可能反映出企业在内部控制方面存在一些问题，这会导致整体运营管理成本的增加。与此同时，管理费用率的上升也进一步加重了企业的负担。

对于一家科技企业来说，保持研发费用的持续增长是至关重要的，然而科大讯飞当前的情况却与此相悖。因此，企业需要重新审视其费用结构，优化成本控制，并加大在技术创新方面的投入，以提升自身的盈利能力和市场竞争力。

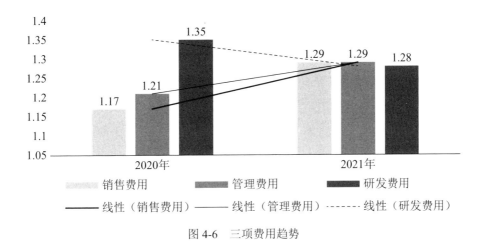

图 4-6　三项费用趋势

（一）费用率的价值

费用率的降低确实体现了企业盈利能力的提升，因为它意味着企业在维持同等收入的情况下所需支付的费用减少，从而有更多资金能转化为利润。

此外，费用率也直接决定了公司的管理成本高低。当费用率上升时，企业管理成本增加，可能导致资源分配不均、运营效率下降等问题。相反，费用率降低意味着企业管理成本减少，这为企业提供了更多的资源用于核心业务的发展和创新，从而有助于提升企业的管理效率和整体运营水平。

1. 管理部门的协调性

管理部门是企业运营的"大脑"，负责决策、规划和组织各项任务。其设置应紧密围绕直接任务部门的业务需求，确保任务分配科学、合理，避免流程冗长，提高效率。不合理的设置会导致资源浪费、成本增加，削弱企业竞争力和盈利能力。科大讯飞案例警示我们，管理部门的设置需进行科学规划，避免机构臃肿和效率低下。

2. 管理部门与收入的相关性

将企业的过程任务划分为直接任务和间接任务是一种有效的管理方式。直接任务，如销售部门的工作，直接关联到企业的收入创造；而间接任务，如管理部门的职责，虽然不直接产生收入，但对于企业的整体运营至关重要。

管理部门作为间接创造收入的任务部门，其运作效率直接关系到企业的费用率。为了更有效地管理这部分费用，我们可以将管理部门的任务薪酬与直接任务部门的薪酬挂钩。这样就形成了一个以员工利润中心为核心的数字化指标管理标准，使得管理者能够更准确地识别和解决费用率问题。

例如，A 企业销售部门为控制成本，采用员工利润中心管理方式，员工薪酬结构如表 4-1 所示。此管理方式旨在激励员工注重成本控制，提升效率。

表 4-1 员工薪酬结构

项目	1 号	2 号	备注
薪酬总额 / 万元	20	20	
业务费标准比率	5%	5%	
业务费标准金额 / 万元	1	1	超出标准在薪酬中扣除
实际业务费金额 / 万元	0.5	2	
控制薪酬比率	10%	10%	
控制薪酬 / 万元	0.05	—	未超出标准给予控制薪酬奖励
实际薪酬 / 万元	20.05	19	

（二）费用率的确定

费用是企业间接任务得以开展的基础，也是配合直接任务顺利推进的关键。企业的费用包括员工薪酬以及与业务过程相关的各项活动支出。

1. 间接任务与直接任务的薪酬相匹配

企业的间接任务需要与直接任务相协调，以确保业务的顺畅运作。每个直接任务背后，都需要间接任务的负责人提供必要的支持，这是企业高效运作的关键环节。

在薪酬规划上，直接任务和间接任务的薪酬是通过总体规划时间与规划薪酬单价的乘积来确定的。直接任务因其核心业务作用，通常享有较高的薪酬；而间接任务，尽管不直接产生经济效益，但其对直接任务的支撑作用同样重要，因此也应获得相应的薪酬激励。

2. 内部采购薪酬与企业发展相匹配

内部采购作为一种独特的企业管理模式，指的是在企业内部按照市场规则构建上下游员工之间的合作关系。每位员工在执行任务时，需要像在市场中进行采购一样，完成其前置任务。这种内部交易模式不仅促进了员工之间的协同合作，还构建了一个完整的企业内部采购链条。

内部采购薪酬是这种机制中的重要组成部分，它指的是企业支付给员工的无责任底薪。这一薪酬机制确保了员工在参与内部交易时的积极性和参与度，同时也为企业的稳定运营提供了有力保障。

为了确保内部采购机制的有效运行，企业需要将其与自身的战略发展规划及数字化指标管理标准进行匹配。这意味着企业在设定内部采购薪酬时，需要充分考虑企业的整体战略目标和数字化管理要求。例如，企业可以根据自身的业务特点和市场状况，设定一个合理的内部采购薪酬标准，以确保员工在完成任务时能够获得充分的激励。

例如，B 企业在年初设定了收入目标，并为内部采购制定了薪酬规划：当年收入达到 2 亿元时，采购薪酬占总收入的 5%，即 1000 万元。这一规划旨在平衡企业运营与员工激励之间的关系。然而，在实际执行中，销售部门获得了 30% 的薪酬，即 300 万元，而销售经理则获得了 10% 的薪酬，即 30 万元。但年终销售收入仅为 1.5 亿元，企业仍按照原规划发放了 1000 万元的薪酬，导致实际薪酬占比上升至 6.67%，企业因此损失了 250 万元。这一规划未能充分考虑市场波动和销售实际情况，固定的薪酬规划导致了不必要的损失。

四、净利润

净利润是企业经营活动的核心指标之一，要提高净利润，我们可以从以下两个方面进行优化。

（一）投资收益能力和公允价值变动的优化

1. 投资收益能力规划

投资收益源于企业对外投资活动，主要由财务或投资管理部门掌控。投资收益能力，即收入与本金之比，是评估投资效果的关键。强大的投资收益能力意味着更高的收益，直接增厚企业净利润。而投资损失则直接侵蚀企业利润。

例如，某企业去年投资收益率为 8%，假设投资本金为 3000 万元，则去年投资收益为 240 万元。为提升收益，管理者与投资专家合作，成功将收益率提升至 15%，此时投资收益增加至 450 万元，增加了 210 万元。为激励专家，企业向专家支付了 10% 投资收益的提成，即 45 万元。虽然企业增加了这笔支出，但是企业的净利润仍增长了 210-45=165 万元。此案例展示了合作与激励在提升投资收益和净利润方面的重要性。

2. 公允价值变动规划

公允价值变动源于市场因素，如需求或资产价值变化，这些因素会导致资产价格重新评估。这种变动可能影响企业的流动资产和长期资产，进而产生公允价值变动损益。对于流动资产，管理者可采用期货制度锁定原材料价格，减少成本不确定性。材料价格下降时延迟交割，以降低存货积压和潜在损失。这些策略有助于企业应对公允价值变动带来的挑战。

假设某企业最近的销售收入预期增长率翻倍，采购部门因此需要增加两倍的原材料采购量。面对这种情况，管理者可以从财务的角度出发建立一个收入与存货关系的动态模型，如表 4-2 所示。这种模型可以确定存货与收入之间的比率关系，从而指导采购部门根据收入的实际情况进行动态的、按比例的预先采购。

表 4-2 收入与存货关系动态模型

项目	部门	去年金额 / 万元	预计金额 / 万元
收入	销售部	30 000	60 000
存货	采购部	20 000	40 000
存货占收入比率	—	67%	67%

（二）企业营业外收入与营业外支出的优化

企业营业外收支是指那些与企业的核心生产经营活动无直接关系的各项收入和支出。这些收入和支出可能源于多种原因，既有企业内部管理可控的因素，也有外部环境不可抗力的影响。

1. 营业外收入规划

（1）可控部分规划。可控部分规划是营业外收支管理的核心环节，其完善的关键在于确保合规收费并遵循正确标准。企业应根据业务类型明确划分营业外收入。

对于与人事相关的收入，应依据人事政策和规定制定明确的价值标准和流程，以保障其合规性和准确性。在资产管理方面，企业应持续优化，确保资产得到合理利用并实现保值增值。同时，应完善员工的岗位说明书，明确资产管理职责和权限，规范操作行为，以降低操作失误和违规操作的风险。此外，企业还应密切关注营业外收入在整体收入结构中的占比情况，为决策提供有力支持。通过这些完善措施，企业可以更有效地管理营业外收支，提升整体运营效率。

例如，A 企业在 2021 年实际营业外收入率为 2%，2022 年根据规划指标设定了 2.5% 的营业外收入率目标。2022 年，A 企业的营业收入达到了 2 亿元，实际营业外收入率为 3%，超过了规划指标的 2.5%。这表明 A 企业在营业外收入管理方面取得了一定的成效，但仍需继续努力，以实现更高的营业外收入率目标。

（2）不可控部分规划。不可控部分规划主要涉及企业外部突发事件的管理，这些事件由于其不可预测性和不可控制性，通常需要在发生时根据实际情况进行管理，主要包括接受捐赠等无法控制的事件。

例如，2022 年 A 企业得到了 B 企业的 100 万元捐款。这种捐赠由于其不可预测性，通常不需要进行事先规划。当捐赠实际发生时，A 企业应直接进行财务核算，以确保相关金额的准确性和合规性。

2. 营业外支出规划

（1）可控部分规划。在企业管理中，可控部分规划是至关重要的一环。可控部分主要包括盘亏损失、非流动资产处置损失、公益性捐赠支出和罚款损失等支出项目。下面以公益性捐赠支出为例来介绍。

对于公益性捐赠支出，企业应进行事先规划，并结合《中华人民共和国企业所得税法》等相关法律法规进行合理安排。通过明确捐赠目标和计划，企业可以确保捐赠行为的合法性和合规性，同时提升企业的社会形象。为了更好地控制这部分支出，企业可以将公益性捐赠支出与财务相关员工的薪酬挂钩，激励他们更加审慎地规划和管理捐赠支出。

（2）不可控部分规划。不可控部分通常指的是那些由外部突发事件引起的风险，如自然灾害等。这些事件往往是企业无法预测和控制的，但其带来的损失却可能对企业的运营产生重大影响。

首先，企业应建立完善的突发事件风险控制体系；其次，企业需要实时观测和评估自然灾害等不可控事件的发生概率和影响程度。为了减少不可控部分带来的损失，企业可以考虑购买财产保险，将风险转移给保险公司。这么做，企业可以在一定程度上规避自然灾害等不可控事件带来的经济损失。

第三节　营运能力：企业发展的驱动力

企业的营运能力，简而言之，就是企业经营运行的能力，即企业如何有效地运用资产来赚取利润。

一、应收账款周转率

应收账款周转率是企业一定时期内的赊销收入净额与应收账款平均余额的比率。它衡量了企业应收账款转化为现金的速度和效率，是企业营运能力分析中的一个核心指标。

（一）决定回款率的因素

应收账款回款率直接影响企业的现金流状况、运营效率和盈利能力。影响应收账款回款率的因素可以分为外部因素和内部因素。

1. 外部因素

外部因素包括政治、经济、法律因素以及突发公共事件。这些因素可能导致应收账款回收出现损失，进而增加企业运营的不确定性。

例如，某创业者经营的企业就曾面临应收账款回收的挑战。她的目标是成功研发产品并推向市场，当时的营销策略是只要收回成本即可。在行业内，预付款通常不足 30%，她认为发货前已经收回了预付款，因此其他款项如果无法收回，可以视为营销费用。然而，随着近几年外部环境的变化，尤其是疫情的冲击，销售出去的产品面临过期、退货和款项无法收回的风险。该创业者对此深感苦恼，回溯过去，她才认识到是当时的决策导致了现在的困境。

这一经历促使该创业者改变了管理思维。她现在采用现款方式来确保现金流的稳定。这一转变体现了创业者在面对外部环境变化时，及时调整策略的重要性。

2. 内部因素

应收账款周转率是衡量企业营运能力的重要指标，其内部影响因素主要包括企业的销售政策和应收账款政策。应收账款作为企业现金流的重要组成部分，若管理不善，极易导致现金流堵塞，类似于人体出现血栓症状一般，影响企业整体运营。因此，重视应收账款的管理是确保企业现金流稳定、防止现金流断裂的关键措施。

在应收账款的管理过程中，销售部门、客服部门和财务部门都发挥着举足轻重的作用。销售部门作为直接与客户接触和交易的部门，负责跟踪收款并确保应收账款的及时回收。客服部门负责与客户保持良好的沟通和服务，协助销售部门解决收款过程中可能出现的问题。财务部门负责对应收账款进行核算、监控和分析，提供有关应收账款的健康状况和潜在风险的报告和建议。

例如，A企业一直秉持严格的应收账款管理策略，企业制度中明确规定不得产生应收账款。然而，在实际运营中，销售部门遇到了一次销售困局。经过向管理者请示并获得批准后，销售部门获得了10天的应收账款回收期，涉及金额为200万元。然而，由于多种原因，这笔应收账款在10天过后仍未收回。

深入分析后发现有以下原因，销售部门忙于完成日常销售任务，很难抽出专门的时间和精力去追踪和催讨这笔应收账款。客服部门虽然在日常工作中与客户保持联系，但企业制度中并未明确规定他们在应收账款催讨方面的职责，因此他们没有主动介入这一任务。财务部门虽然负责企业的资金流动和账目管理，但由于缺乏对应收账款回收的关注和监控，也没有及时发现并跟进这一应收账款的回收情况。

为了解决这一问题，A 企业决定采用管理指标进行优化。首先，企业管理者在决定是否允许产生应收账款时，需要制订明确的薪酬转化标准。例如，规定在 200 万元销售款成功收回后，给予销售部门员工 1 000 元的提成薪酬，同时给予部门高管 2 000 元的管理津贴。企业还决定让客服部门间接参与分享销售部门的提成薪酬，如客服部门可以共享 1 000 元的服务薪酬，同时部门高管可以获得 1 000 元的管理津贴。财务部门作为监控部门，可以共享 500 元的服务薪酬，同时部门高管可以获得 1 000 元的管理津贴。通过这一优化措施的实施，A 企业在 10 天内成功收回了 200 万元的应收账款，并按照既定标准向相关员工分配了 6 500 元的薪酬。

（二）提高回款率的方法

提高回款率指提高应收账款周转率指标。对此，我们从以下两个维度进行解读。

1. 时间成本的计算

员工的薪酬与费用支出是企业运营成本的重要组成部分。以应收账款为例，假设企业设定了 10 天的回收期限，而员工在 3 天内就完成了收款。这意味着员工不仅提前完成了任务，还为企业节约了大量的时间成本。当这些被节约的时间转化为实际的收益时，企业可以考虑将这部分收益以某种比例回馈给员工，作为对他们高效工作的奖励。

例如，A 企业年化利率为 5%，每天的利率约为 0.0137%。若员工在三天内成功收回 200 万元的应收账款，那么这七天的时间为企业带来的额外收益约为 1 918 元。这部分收益可以作为员工高效工作的奖励，按照企业设定的比例进行分配。

2. 薪酬分配合理性

薪酬分配合理性主要是指企业的匹配原则是否合理，高责任、高担当应有高薪酬。应收账款回收的匹配原则须符合三个特点。

（1）应收账款回款链条完整。应收账款的回款链条对于企业的资金流和运营至关重要。管理者应充分意识到应收账款回款不力会带来的潜在风险，并在规划业务链条时结合员工的直接和间接任务。这意味着，应收账款的回款过程应被精心设计和规划，确保其成为员工日常工作流程的一部分。

例如，A企业每次销售产生的应收账款率为20%，符合行业市场规则。当销售金额为2 000万元时，会产生400万元的应收账款。合同约定15天回款，为确保这一过程的顺利进行，A企业制定了详细的业务链条，涉及销售、生产、客服和财务四个部门。每个部门都有明确的职责和任务，以确保整个链条的高效运转。

四个部门的工作规划如表4-3所示，我们可以看到A企业每天仅需35分钟的时间，就能完成一个客户的应收账款催讨工作。按分钟计算，这项工作的内部采购薪酬仅为18.5元。考虑到应收账款的金额高达400万元，这样的内部采购薪酬规划设计显得极具价值。

表4-3　应收账款业务链条

相关负责人	标准步骤	岗位说明书	采购标准	每天时间/分钟	单位薪酬/元	投资薪酬/元
销售人员	跟踪	到期前5天，每天跟客户沟通一次	客户回复	15	0.6	9
生产管理人员	提醒	到期前3天，每天提醒一次	销售人员确认	5	0.5	2.5
客服人员	回访	根据合同电话回访客户	客户回复	5	0.4	2
财务人员	监控	产生应收账款的第二天，每天预警销售人员一次	销售人员确认	10	0.5	5
合计				35	0.53	18.5

（2）应收账款薪酬转化标准。应收账款的薪酬转化标准是根据应收账款的产生金额来确定的。然而，由于应收账款的产生，销售员工可能无法立即获得应收账款部分的提成薪酬。这些薪酬会在应收账款成功回款后

支付。

在确定销售员工的薪酬时，需要考虑因催讨应收账款而产生的内部采购薪酬。这些内部采购薪酬包括与应收账款回款相关的各个部门的成本和努力。因此，在计算销售员工的实际薪酬时，需要从提成薪酬中扣除这些内部采购薪酬。

以 A 企业的销售员工为例，当收到 400 万元的应收账款回款后，销售员工的提成薪酬为 3 万元。在这个过程中，企业因催讨而产生了 0.5 万元的内部采购薪酬以及 0.5 万元的超额业务费用。因此，销售员工的实际薪酬需要减去这两项费用。

（3）任务权重清晰。在应收账款的管理中，明确任务权重对于确保各部门间的协同合作和提高整体效率至关重要。任务权重不仅反映了各部门在应收账款产生和回收过程中的直接和间接贡献，还是分配资源和薪酬的重要依据。

直接任务部门，如销售部门，是应收账款产生的直接源头。这些部门与客户建立联系，促成交易并产生应收账款。间接任务部门，如财务、客服和生产等部门，则提供支持和服务，确保应收账款的顺利回收。每个部门在完成任务时都会消耗时间和其他资源，因此，合理的权重分配能够确保这些投入得到相应的回报。

通过表 4-3 我们可以看到每个部门在应收账款催讨工作中所花费的时间：销售员工每天花费 15 分钟，约占总时间的 43%，而财务员工花费 10 分钟，约占 29%。这两个部门共占 72% 的权重，说明它们在应收账款催讨工作中起着主导作用。

二、存货周转率

存货作为企业资产的重要组成部分，涵盖了从原材料到产成品的各个环节。有效的存货管理直接关系到企业的现金流状况、运营效率以及资产安全。

（一）存货积压

存货积压是企业运营过程中一个紧迫且复杂的问题。它指的是企业无法及时将产成品销售出去，导致资金被大量占用。由于企业类型和运营模式的多样性，存货的种类和积压情况也各不相同。无论是原材料、在产品还是产成品，只要不能及时转化为销售收入，都可能成为积压的存货。

存货积压不仅影响企业的现金流，还直接关系到企业的盈利能力和运营效率。积压的存货可能因过期、损坏或市场需求变化而贬值，导致企业无法获得预期的销售收入。此外，长期积压的存货还会产生额外的仓储、维护和管理费用，进一步侵蚀企业的净利润。

关于存货积压，我们需要注意以下两个问题。

1. 存货与收入脱节

我们计算存货周转率通常使用主营业务成本金额除以平均存货金额。然而，该方法存在一个问题，即存货与收入之间容易脱节。管理者必须明确，购买存货的根本目的是产生销售收入。不产生销售收入的存货，从财务思维角度看，是没有实际价值的。

为了解决这个问题，管理者应要求与存货相关的所有业务链条中的直接和间接任务员工，在日常工作中加强对存货积压率的关注和优化。例如，当发现存货中的原材料与收入的比率有上升趋势时，管理者应立即采取行动，要求采购、生产、销售、财务和库管等相关部门的员工共同解决这一问题。

为了更有效地控制存货积压，管理者可以将原材料占收入的比率作为薪酬管理的重要指标。这意味着相关员工的薪酬将与他们在这一指标上的表现挂钩。通过这种方式，我们可以确保整个业务链条的员工都能积极参与到存货管理中来，形成一个团队合作的氛围。

如图 4-7 所示，3 月的原材料与收入比率为 3%，但在 4 月这一比率上升到了 6%。管理者就需要立即采取行动，规划 5～7 月的存货比率。这需要整个业务链条的员工共同努力，制订具体的行动计划，并在日常工作中加以实施。

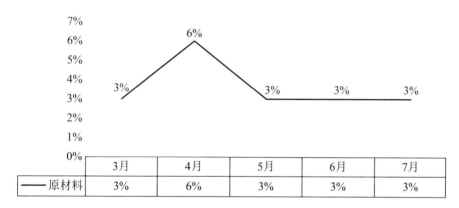

	3月	4月	5月	6月	7月
——原材料	3%	6%	3%	3%	3%

图 4-7 原材料与收入规划比率

2. 存货采用赊账方式

在企业的日常运营中，存货的采购和支付方式的选择至关重要。许多企业出于现金流的考虑，倾向于采用应付账款的方式采购存货，即赊账方式。然而，从长远来看，这种方式可能给企业带来两大潜在风险：违约风险和管理风险。

（1）违约风险。违约风险是企业赊账采购存货的主要风险。短期来看，货到付款可缓解现金流压力，但长期如此会降低流动比率，进而削弱企业的短期偿债能力。若企业流动资金紧张，无法支付账款，供应商可能诉诸法律，使企业陷入违约和诉讼的困境。这不仅损害品牌公信力，还可能影响销售收入，甚至引发企业破产。

（2）管理风险。存货积压是赊账采购中常见的管理风险。企业在保障生产和达成收入目标的压力下，采购和生产部门可能过度采购原材料。但市场需求变化和计划不准确时，易导致原材料积压，造成损失。因此，企业在赊账采购时，需加强市场预测和计划管理，以降低存货积压风险。

（二）存货公允价值变化损失

公允价值变动，即期末与期初公允价值之差，反映了市场因素（如需求、商品价值）变化导致的价格重估。对上市企业而言，定期披露这一信息至关重要。对小企业而言，尽管这种风险不明显，但依然是潜在隐患。特别地，存货的公允价值变化可能直接引发资产损失，进而减少企业净利润。若管理者不能及时识别和处理这种损失，可能导致财务状况被误判。

例如，A企业库存原材料价值2 000万元，受疫情影响下跌至1 800万元，损失200万元。由于未计提损失，管理者误判企业盈利，进而可能做出错误决策。同时，高生产成本损害企业的市场竞争力，导致销售收入下降，影响现金流和盈利能力，形成恶性循环，增加企业破产风险。

为了解决以上问题，企业可以采用存货价格波动预警系统和存货价格控制系统两种策略。

1. 存货价格波动预警系统

存货价格波动预警系统是一个有效的工具，可以实时监测和提示企业存货管理价格的变动，从而帮助企业及时作出反应，控制资产损失。该系统的操作步骤如下。

（1）锁定库存控制。这是一种将库存管理职责明确分配给指定员工的方法，同时要求员工按照规划指标对企业必备的原材料进行控制。

在A企业中，高管指定了库存管理A员工负责每日原材料价格的监控。为确保A员工能够高效地进行监控管理，企业为其配置了先进的数字化价格管理工具。这些工具可以帮助A员工实时更新和分析数据，以便及时发现价格变动。

企业的原材料价格变动方法中包含了预警功能，当价格超过预设的控制和变动率区间时，系统会发出预警。A 员工需要每天查看预警信息，确保所有原材料的价格都在可控范围内。如果价格超过了控制区间，A 员工需要立即报告给管理者，以便企业能够迅速采取应对措施。为确保员工能够认真履行库存管理职责，企业需要规划控制薪酬标准。通过设定合理的薪酬激励机制，可以激发员工的工作积极性和责任心。

（2）工作任务薪酬计算。为确保价格控制这一关键环节的有效执行，A 企业需要对指定的库存管理 A 员工的薪酬进行合理计算。考虑到人才是任务执行的核心，我们主要关注人工成本。

比如，A 员工每日需投入 60 分钟来监控原材料价格。企业为该员工设定的每分钟薪酬是 0.5 元，那么 A 员工在监控任务上的日薪酬就是 30 元。按照一个月 22 个工作日计算，A 员工在监控任务上的月薪酬为 660 元。这一数字准确反映了 A 企业在库存价格监控上所需的人工成本，也为管理者提供了决策依据。

（3）变动趋势图分析。图 4-8 清晰展现原材料 A 价格走势。粗实线代表变动率，持续下降表明价格走低，虽价格降低能降低生产成本，但也可能反映市场需求减少或质量下滑，进而影响企业盈利与长期发展。粗虚线为企业控制标准，即"安全线"。自第 6 日起，原材料价格跌破此线，第 8 日偏离程度最大，超出企业预期和控制范围。

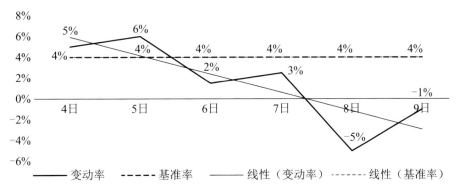

图 4-8　原材料 A 趋势分析图

员工应及时在第 6 日发出预警并上报，以便管理层迅速调整采购策略或生产计划，应对潜在风险。

（4）提出建议。基于图 4-8 所展示的原材料 A 价格变动趋势，我们提出以下策略与建议。

①4 日和 5 日：保持关注。在这两天，虽然原材料价格尚未显著下降，但已经出现初步下降的趋势。建议采购部、生产部与销售部共同关注市场动态，了解价格变动背后的原因，并为后续可能的价格变动做好准备。

②6 日和 7 日：启动预警机制，评估潜在损失风险。随着原材料价格跌破企业控制标准，建议在这两天启动正式的预警机制。采购部需要密切关注价格走势，并评估如果继续按照当前价格采购可能带来的潜在损失。同时，建议上报潜在损失风险的评估报告，以供管理层决策参考。

③8 日和 9 日：紧急应对，规避资产损失。当原材料价格在 8 日达到最大偏移时，建议企业采取紧急措施。采购部可以考虑采用期货交易的方式，进行按需的少量采购，以规避原材料价格可能继续下降的风险。同时，生产部应根据市场需求调整生产计划，而销售部可以考虑采取销售折价的策略，缓解库存压力。

④关于预警损失金额的计算与上报。预警损失金额的计算应基于当前的基准价格、实际市场价格以及预期的采购量。具体计算公式为：

预警损失金额 =（基准价格 - 实际市场价格）× 预期采购量

采购部应在每日结束后，根据上述公式计算预警损失金额，并在次日上报给管理层。这样，管理层可以实时了解潜在的风险大小，并作出相应的决策。

（5）按管理者要求执行。管理者对库存管理部提出的关于原材料 A 的价格变动应对策略和库存管理调整方案表示同意，并要求按以下要求执行：

①持续跟踪原材料 A 的价格变动。管理者强调，对于原材料 A，我们必须继续密切跟踪其价格变动，了解市场动态。库存管理部门需继续做好

价格信息的收集和整理工作，及时向管理层报告。

②结合销售情况安排采购时间。针对采购策略，管理者要求采购部门在安排采购时，必须充分结合销售部门的需求和预测。采购活动应灵活调整，采取少量多次的方式进行，以确保库存的稳定性和灵活性。

③启动期货交易方式。为降低原材料价格波动的风险，管理者同意启动期货交易方式。采购部门应深入研究期货市场，制定合适的期货交易策略，以锁定未来的采购成本，减少市场波动对企业的影响。

④按销售折价进行销售。为解决库存积压问题并达到销售扩张的目的，管理者同意采取销售折价策略。销售部门应根据市场需求和竞争态势制定合理的销售价格，并加强营销推广，以促进原材料A的销售。

⑤继续监控原材料资产损失预警情况。库存管理员工应继续按照既定方式，对企业现有原材料A的资产损失预警情况进行监控。一旦发现潜在风险，应立即报告并采取相应措施，确保企业的资产安全和稳定运营。

2. 存货价格控制薪酬

存货价格控制薪酬方案是一种激励机制，旨在鼓励库存管理员工有效控制采购价格变动率在基准率以下的原材料。该方案的核心在于确保原材料的价格和数量得到妥善管理，从而为企业带来成本上的优势。

在此方案下，库存管理员工将密切关注原材料价格的变动，并根据价格变动调整采购数量。当原材料价格在基准率以下变动时，员工将有机会获得额外的薪酬奖励，以激励其更加积极地控制采购成本。

由表4-4可知，库存管理员工在4日至7日建议不进行采购，以避免在价格波动较大时产生不必要的成本。而在8日和9日，当企业急需原材料时，员工建议采用期货方式进行采购，以锁定未来的价格。这样，企业可以在确保原材料供应的同时，降低采购成本风险。库存管理员工成功控制采购价格变动率，不仅有助于企业控制成本，还有机会获得额外的薪酬奖励。

表 4-4　按需采购

原材料	4 日	5 日	6 日	7 日	8 日	9 日
变动率	5%	6%	2%	3%	-5%	-1%
基准率	4%	4%	4%	4%	4%	4%
采购数量	不采购	不采购	不采购	不采购	期货采购	期货采购

（三）采购管理

采购管理对于确保企业在一定时期内以最低成本采购物资至关重要，这是维持企业成本优势的关键。然而，面对外部环境的不确定性和挑战，如疫情等突发事件，如何确保企业具备强大的免疫系统以应对风险，是管理者需要深思的问题。

研究表明，新松机器人等上市企业的成本提升往往与外部环境变化相关。在这种背景下，采购管理员工的敏锐洞察力和前瞻预判能力显得尤为重要。他们需要能够迅速捕捉市场趋势，预测潜在风险，并采取相应的应对措施，以确保采购成本的稳定和降低。

1. 敏感的洞察力

在现代商业环境中，采购管理的前瞻性和预判能力已成为企业取得竞争优势的关键。为了培养这种能力，采购管理员工需要具备敏锐的洞察力和快速反应能力。他们必须能够捕捉到同行业中其他员工忽略的市场趋势，并迅速采取行动，以确保企业能够以低于行业标准的成本采购到高质量的材料。

2. 前瞻的预判能力

采购管理的前瞻性预判能力是现代企业运营的核心技能。这种能力涉及精准预判采购日期和数量，同时协同生产部门和销售部门，确保企业内部数量的合理性和外部价格的稳定性。

（1）内部数量预判。内部数量预判旨在防止存货积压，以规避现金流风险、偿债能力减弱和资产损失。采购管理需依据完整的采购业务链条，结合销售和生产部门的实际需求，合理预判存货数量。例如，当销售部门规划收入时，生产部门需采购相应价值的产品，采购部门则需据此制定动态采购策略，以适应销售收入的实时变动。

（2）外部价格预判。外部价格预判旨在防止企业成本上升，确保净利润的稳定。尽管外部环境难以完全控制，但企业可通过前瞻性预判规避潜在风险。例如，面对原材料价格上涨，企业可对红海产品和蓝海产品采取不同策略：红海产品可调整策略以应对成本上涨，而蓝海产品则可利用专业知识规避成本上涨或由客户承担部分成本上涨压力。

三、总资产周转率

总资产周转率，作为评估企业资产管理效率的关键指标，揭示了企业收入与总资产之间的关系，即企业每单位总资产所能产生的收入额。该比率较高通常意味着企业的资产管理效果更佳，能够更有效地运用资产创造经济价值。企业获取资产的方式主要有以下三种。

（1）股东投入资金购买基础设施等长期资产，为企业长期发展奠定基础。

（2）通过借款获取流动资金，用于日常运营开支和长期资产项目投资。

（3）利用未分配利润进行再投入，购买新资产、更新设备、拓展市场，以维持和扩大生产规模。

例如，同行业 C、D 两家企业，尽管收入相当，但因资产投入悬殊（C企业 1 亿元，D 企业 5000 万元），导致折旧费用和净利润明显不同。这种差异源于折旧费用反映了资产价值的逐年减少，直接影响净利润。

为了进行有效的总资产投入规划，企业应从以下两个方面考虑：

（1）通过分析同行业企业的总资产周转率范围，企业可以明确自身在行业中的资产运营效率定位，为总资产投入规模提供参考依据。

（2）根据实际情况和预测结果反向推算总资产规模，如预测净利润为

2 亿元，并设定总资产周转率为 0.8，则总资产规模应规划为 2.5 亿元。

第四节　偿债能力：企业扩张的保障

一、流动比率

流动比率是衡量企业短期偿债能力的重要指标，流动比率＝流动资产／流动负债。保持流动资产与流动负债的适当匹配，对确保企业的短期偿债能力至关重要。一些企业（如盾安、恒大）出现的负债危机，除了管理不善外，短债长投导致的现金流短缺也是重要原因之一。为了有效地规划和管理流动比率，企业需要关注流动资产比率和流动负债比率。

（一）流动资产比率

流动资产比率反映了资产的运营效率。一般来说，高比率可能意味着资产变现速度较慢，会影响净资产收益率。在财务分析时，通过与行业平均水平比较，可以评估企业的运营效率。

例如，A 企业的流动资产比率为 25%，而同行业的流动资产比率为 20%，则意味着 A 企业的流动资产变现速度相对较慢，可能导致其净资产收益率低于同行业水平。为了改善这一状况，管理者可以结合企业的战略规划，根据合理的数字化指标标准，将流动资产比率调整为 20%，以提高资产运营效率，进而提升企业的净资产收益率。

（二）流动负债比率

流动负债比率是评估企业财务状况的关键指标，它反映了企业的短期偿债能力及所面临的财务风险程度。流动负债比率的高低直接影响企业的净资产收益率和潜在财务风险。因此，管理者在制定战略规划时，需要全面了解企业的偿债能力，并确保其高于同行业水平。

在流动负债比率的管理上，从理论上讲，该比率越小，企业的短期偿债风险越低，意味着企业可以用较少的负债撬动较高的收入，从而实现更高的财务效益。企业应根据自身的实际情况和战略规划来设定合理的流动负债比率。

例如，企业设定流动比率为 2，流动资产比率为 20%（假设此处流动资产比率是相对于总资产而言，即流动资产占总资产的 20%，根据流动比率的公式（流动负债 = 流动资产 / 流动比率），此时流动负债比率为 10%。

二、速动比率

速动比率是评估企业短期偿还流动负债能力的关键指标，它着重考量了流动资产的变现能力和流动性。速动资产主要由现金、短期投资、应收票据和应收账款等快速变现资产构成，在计算时扣除了存货和预付费用。

高速动比率通常表示企业短期偿债能力强，财务风险低，但也可能暗示企业过于保守，未充分利用流动资产进行投资或扩张。

速动比率的设定过程如下。

（1）收入规划：企业管理者确定收入规划，这是其他财务指标规划的基础。

（2）流动资产规划：基于收入规划设定流动资产规划，用于支持企业的日常运营和偿还短期债务。

（3）存货规划：在流动资产中明确规划存货部分。

（4）速动资产规划：从流动资产中扣除存货后，规划速动资产，包括能够快速转化为现金的资产。

（5）流动负债规划：设定流动负债规划，明确短期内需要偿还的债务。

（6）流动资产比率与速动资产比率规划：基于流动资产和速动资产的规划，设定流动资产比率和速动资产比率。

（7）速动比率规划：根据速动资产和流动负债的规划，设定速动比率，其计算公式为速动比率 = 速动资产 / 流动负债。

在企业管理中，若发现流动负债规模较大，短期偿债压力偏高，需进行控制优化。例如，通过控制薪酬等运营成本策略来影响流动负债规模，进而优化企业的短期偿债能力。

三、经营性现金净流量比率

经营性现金净流量比率是评估企业现金偿债能力的重要财务指标。在财务规划与管理中，企业应重点考虑以下方面。

（一）经营性现金净流量与流动负债比率

这一比率是衡量企业现金偿债能力的重要指标。它表示企业经营性现金净流量相对于流动负债的倍数。该倍数越大，意味着企业的现金偿债能力越强。然而，单纯依赖这一比率是不够的，还需要将其与同行业的水平进行比较，以便更全面、准确地了解企业的财务状况。

若企业的经营性现金净流量与流动负债比率低于同行业平均水平，管理者应审查现金管理策略和负债结构，并考虑采取调整措施，如优化现金流管理、提高销售收入和收款效率、减少成本支出以及优化负债结构等。

（二）经营性现金净流量比率的提升策略

经营性现金净流量比率是一个衡量企业现金生成能力的关键指标。它反映了企业每获得一定收入所能产生的现金净流量。这个比率越高，通常意味着企业的现金变现能力越强，财务状况越稳健。

若企业的经营性现金净流量比率低于同行业平均水平，管理者应审查现金收入情况，寻找提高现金收入比率的途径。这可能包括优化产品或服务组合、提高销售效率和收款速度、加强成本控制和管理等。同时，结合企业战略规划的数字化指标标准，管理者可以设定一个更高的经营性现金净流量比率目标，以激励企业提高现金生成能力。

通过持续改进现金管理策略和加强财务管理，企业可以逐步提高经营性现金净流量比率，增强现金变现能力，并对净资产收益率产生积极的影响。

第五节　投资回报：企业资本运作的核心

企业成立的目的是获得持续增长的利润，我们可以理解为获得投资回报收益。

一、净资产收益率

净资产收益率（ROE）不仅是企业发展的内在动力，也是考核上市企业综合实力的重要标杆。它反映了企业利用自有资本创造利润的能力，体现了企业的核心竞争力。

投资者在做出投资决策时，通常会关注 ROE、每股收益和市盈率这三个核心财务指标。ROE 对非上市公司和上市公司的估值都具有长期的影响，因此成为股东们关心的焦点。为了更好地理解和应用 ROE，我们引入了一套原创的 ROE 分析体系，该体系从以下三个方面深入剖析了 ROE 的影响因素。

（一）原创管理 ROE 分析体系介绍

此体系的核心思想是将 ROE 全面分解为资产负债表和利润表的科目金额与收入的比率，形成新的指标关系，并将这些科目细项指标与过程指标相连接，最终与员工的薪酬挂钩，构建出一个完整的指标价值链。

这一体系的研发目的在于为企业搭建一个健康的数字化指标管理标准，帮助管理者更清晰地了解企业的财务状况，规划出可视化的未来发展路径，并激励员工积极参与企业的运营管理。

（二）净资产收益率指标的分解步骤

为了更好地理解 ROE 的构成和驱动因素，我们可以采取以下分解步骤。

ROE = 净利润 ÷ 平均净资产

= （净利润 × 收入）÷（收入 × 平均净资产）

= （净利润 ÷ 收入）×（收入 ÷ 平均净资产）

将（净利润 ÷ 收入）定义为销售净利率，它表示企业每销售一定额度的产品或服务能够赚取的净利润比例。将（收入 ÷ 平均净资产）定义为净资产周转率，它表示企业利用其净资产产生销售收入的效率。

因此，ROE = 销售净利率 × 净资产周转率。

销售净利率可以进一步分解为多个与收入相关的利润表科目比率，如销售成本率、销售费用率、销售营业外收支率以及实际税负率。这些比率综合起来构成了企业的盈利结构，并直接影响 ROE 的高低。

对于净资产周转率，我们进一步演化，得到它与资产和负债的相对关系。这样，净资产周转率可以表示为 1÷（平均资产比率 − 平均负债比率），其中平均资产比率是平均资产与收入的比率，平均负债比率是平均负债与收入的比率。

为了更深入地理解 ROE 的驱动因素，我们将平均资产和平均负债进一步分解到资产负债表的各个科目，也就是将平均资产比率分解为每个资产科目的比率，将平均负债比率分解为每个负债科目的比率。这些科目比率反映了企业各个资产和负债项目与销售收入之间的关系。

二、报表科目与收入比率变动关系

在深入剖析企业的财务状况时，管理者需要关注资产负债表中的关键科目及其与收入比率的变动关系，因为这些变动直接影响企业的 ROE。其中，平均资产比率和平均负债比率是两个尤为重要的指标。

（一）平均资产比率

平均资产比率，作为企业资产利用效率的核心指标，揭示了企业资产规模与收入之间的紧密关系。具体来说，它表示每实现一单位的销售收入，企业需要多少资产作为支撑。例如，某企业 2022 年的平均资产比率为 101%，意味着每实现 1 元销售收入，需 1.01 元资产支持；而 2023 年该比率降至 79%，显示出企业资产利用效率的显著提升，每 1 元销售收入仅需 0.79 元资产支持。

这种变化对 ROE 有着直接的影响。平均资产比率下降，意味着企业资产的利用效率提高，相同的资产可以产生更多的销售收入，进而推动 ROE 上升。相反，如果平均资产比率上升，则说明企业需要更多的资产来产生相同的销售收入，这可能会降低 ROE。

1. 平均流动资产比率

在企业管理中，深入理解和有效规划平均流动资产比率是提升净资产收益率的关键环节。以 A 企业为例，2022—2023 年平均货币资金比率从 15% 上升至 18%，而其他流动资产项目如应收账款和存货的比率保持不变。这种变化可能导致 ROE 下降，因为更高的货币资金比率意味着，相对于销售收入，企业持有更多的现金和现金等价物，这可能会降低资产的总体收益。

2. 平均非流动资产比率

平均非流动资产指超过一年的长期资产，这里主要介绍固定资产和无形资产。例如，A 企业 2022 年和 2023 年平均固定资产比率、平均无形资产比率、平均非流动资产比率如表 4-5 所示。

表 4-5　平均非流动资产比率

指标	2022 年	2023 年
平均固定资产比率	50%	33%
平均无形资产比率	25%	17%
平均非流动资产比率	75%	50%

如果管理者在 2023 年准备购买 10 000 万元生产设备。生产设备计入固定资产科目，其他科目数据不变，即 2023 年固定资产金额由 10 000 万元增加到 20 000 万元，2023 年平均固定资产比率由 33% 提高到 50%，调整后平均非流动资产比率由原来的 50% 提高到 67%，如表 4-6 所示。在其他条件不变的情况下，这可能导致净资产收益率降低，因为更多的资金被投入到长期资产中，短期内可能无法产生相应的收益。

表 4-6　平均非流动资产比率

指标	2022 年	2023 年（购买设备后）
平均固定资产比率	50%	50%
平均无形资产比率	25%	17%
平均非流动资产比率	75%	67%

（二）平均负债比率

平均负债比率是一个关键的财务指标，它反映了企业平均负债与销售收入之间的关系。为了更深入地理解这一比率，我们可以将其分解为资产负债表中的各个负债科目的比率，即各个负债科目与销售收入的比率。

　　例如，2022 年和 2023 年某企业的一些数据指标如表 4-7 所示。如果管理者在 2023 年准备增加 1 000 万元短期负债，其他科目数据不变，即 2023 年短期负债由 3 000 万元提高到 4 000 万元。2023 年平均短期负债比率由 10% 提高到 13%，调整后平均流动负债比率由原来的 20% 提高到 22%。

表 4-7　平均流动负债比率

指标	2022 年	2023 年	2023 年增加 1 000 万短期负债
平均应付账款比率	19%	6%	6%
平均短期负债比率	13%	10%	12%
平均应交税费比率	3%	4%	4%
平均流动负债比率	34%	20%	22%

　　在其他条件不变的情况下，净资产收益率提高了 1%。2023 年平均负债比率提升了 3%，2023 年净资产周转率由原来 2.26 提高到 2.35，净资产收益率由原来 36% 提高到 37%，如表 4-8 所示。

表 4-8　净资产收益率

指标	2022 年	2023 年
平均资产比率	101%	79%
平均负债比率	54%	37%
销售净利率	13%	16%
净资产周转率	2.14	2.35
净资产收益率	28%	37%

　　报表各科目与 ROE 的关系：资产越高，ROE 越低；负债越高，ROE 越高；利润越高，ROE 越高。

　　这些财务思维模型确实是管理者需要深入掌握的重要工具。然而，世间万物皆讲求平衡，数字化指标管理标准亦不例外。财务报表本身就蕴含着"有借必有贷，借贷必相等"的记账平衡逻辑关系，这体现了财务管理的精髓。这套原创管理 ROE 分析体系能够助力企业快速发展。但我们也必须认识到，整体的企业指标管理标准才是这一切的基础。只有在这个坚实的基础之上，企业才能实现健康、可持续的发展。

第六节 资本结构：企业融资的基石

资本结构决定企业融资能力，资本结构的稳定程度反映企业的财务风险程度。以下从资产负债率的角度，深入分析其对企业现金流和净利润的影响。

一、资产负债率

资产负债率，作为衡量企业资本结构和财务风险的关键指标，清晰地反映了企业总负债与总资产之间的比例关系。

（一）资产负债率对现金流的影响

资产负债率，这一关键的财务结构指标，其变动不仅关乎企业的净利润，更直接影响到企业的现金流状况。当资产负债率提高时，企业的债务风险随之上升，意味着企业需要支付更多的债务利息。尽管短期内这些利息支出可能低于企业产生的净利润，看似债务可控，但长期而言，这种不平衡可能为企业带来巨大的财务风险。

例如，某企业借入 3 000 万元的短期借款，直接使货币资金增加了3 000 万元，同时负债也相应增加了 3 000 万元。由于借款产生利息（假设年利率为 5%），企业需要支付 150 万元的利息，即每季度需支付 37.5 万元的利息费用，导致货币资金相应减少。此外，企业将这笔借款用于采购2 000万元的原材料，货币资金再次减少2 000万元，而原材料库存则相应增加。若这些原材料需要特殊的保存环境，企业还需支付额外的保存费用，这些支出都直接影响到企业的现金流状况。

现金流的流动性对于企业的运营至关重要。流动性好的企业，业务运转更为顺畅，能更好地应对市场变化和挑战。相反，流动性差的企业可能面临业务恶化的风险，甚至可能因资金链断裂而陷入困境。

（二）资产负债率影响净利润

资产负债率作为企业财务结构的核心指标，其水平的高低直接影响企业的净利润。

例如，某企业2021年的资产负债率为40%，这意味着每1元的资产中有0.4元是由负债支持的。到了2022年，资产总额增长5%，而负债总额增长6%。这种增长的不平衡性导致2022年的资产负债率上升到了40.38%。

这种变化对企业净利润的影响是多方面的，既有直接影响也有间接影响。

1. 直接影响净利润

资产负债率的提高会直接影响企业的净利润。这主要是因为负债带来了直接利息支出，这些支出会通过"财务费用"科目在利润表中体现，从而减少净利润。

以某企业为例，为生产A产品，增加了12 000万元的负债用于采购原材料。银行于2022年1月1日放款，年化利率为4%，要求企业按季度支付利息，年底一次性还本。由于增加了这笔负债，并承担了4%的年化利率，企业在一年内需要支付总计480万元的利息，这些利息支出直接减少了净利润。

2.间接影响净利润

以企业财务员工的专业度为例,其在债务成本和贷款银行选择方面的决策能力直接影响企业的财务健康状况。专业度高的财务团队能精准分析市场利率走势,选择成本较低的贷款方案,有效降低负债成本。相反,若财务团队专业度不足,可能导致企业选择成本较高的贷款方案,增加负担,间接减少净利润。

例如,某企业新增了 12 000 万元的贷款。财务团队深入分析后,将资金分配为 8 000 万元的原材料采购费用和 4 000 万元的经营费用。通过采用银行承兑汇票支付方式和按需放款方式,并与银行签订协定存款协议的策略,企业优化了资金利用,降低了利息支出,从而增加了隐性净利润。

(1)银行承兑汇票支付方式。财务团队采用银行承兑汇票支付方式,企业每年可以减少利息支出 320 万元。这是因为银行承兑汇票通常具有较低的贴现率,企业能够以较低的成本获得所需的资金。银行承兑汇票支付方式还提高了企业的资金利用效率。由于银行承兑汇票通常具有较长的到期期限,企业可以在此期间合理安排资金使用,避免短期资金压力。

(2)按需放款方式。这种方式相较于传统的一次性放款模式,能够为企业节约 120 万元的利息支出。这一策略调整不仅优化了企业的资金流,还显著提升了隐性净利润。从表 4-9 中可见,按需放款的方式不仅有效降低了企业的质押利息支出,而且通过更加合理的资金使用安排,为企业带来了隐性净利润的显著提升。

表 4-9　间接影响净利润　　　　　　　　单位:万元

项目	金额	3 月	6 月	9 月	12 月	合计
利息支出	320	80	80	80	80	320
按需放款金额	8 000	2 000	2 000	2 000	2 000	8 000
质押利息	200	20	40	60	80	200
直接净利润减少	200	20	40	60	80	200
隐性净利润增加	120	60	40	20	0	120

（3）银行协定存款策略。财务团队针对企业每季度 2 000 万元的固定支出需求，提出了与银行签订协定存款协议的策略。通过这一策略，企业可以优化贷款方式，充分利用银行的协定存款机制，从而增加隐性净利润。按照这种方式，企业每年能够节约利息支出 16 万元。

二、权益乘数

权益乘数作为衡量企业财务杠杆的重要指标，具有两面性。它一方面可以为企业带来更高的收益，另一方面则可能增加企业的财务风险。

（一）用权益乘数的运用时机

当企业处于快速发展期时，权益乘数可作为一个有效的加速器，助力企业迅速扩大规模、提高市场份额。然而，这也意味着企业需要承担更高的财务风险。因此，管理者在追求高速增长的同时，需保持对财务风险的警觉和控制。

当企业面临市场低迷期或未来收入预期不佳时，权益乘数的运用需更加谨慎。在这个阶段，过度依赖财务杠杆可能导致企业陷入困境。

（二）用权益乘数的内部环境

管理者在运用权益乘数时，需要评估企业的内部管理环境是否适合，可以从以下四个维度进行评估。

1. 文化执行标准

企业文化作为企业的灵魂，将员工紧密团结在一起，推动企业不断向前发展。为了深入了解和评估企业文化的执行情况，我们设定了以下两个评估标准。

（1）员工实际薪酬总额的增长率

员工的薪酬总额与其所承担的职责、工作表现以及企业的整体效益密切相关。企业制定的薪酬种类和标准，旨在激励员工更好地发挥自己的潜能，为企业创造更大的价值。

（2）员工同级互带薪酬增长率

同级互带的薪酬增长率不仅体现了员工之间的利他精神，还展示了企业文化在员工间的传播和内化程度。通过分析这一数据，管理者可以更加清晰地了解企业文化在员工心中的地位和影响，从而为企业的长远发展提供有力支持。

2. 战略执行标准

战略执行标准是指企业为达成预定战略目标而设定的收入达成率标准。这个标准需要通过量化来衡量，以确保战略目标的可执行性和可评估性。

例如，企业可能设定初期的战略标准为收入增长 2 000 万元。为了将这一战略执行标准转化为具体的激励措施，企业可能会将 2 000 万元的收入目标转化为 400 万元的薪酬目标，用于奖励那些为实现战略目标作出贡献的员工。这种薪酬分配方式旨在激发员工的积极性和创造力，促使他们更加努力地工作，以实现企业的战略目标。

3. 管理控制执行标准

管理控制执行标准是指企业在进行各项业务支出时，按照管理者批复的规划进行控制。这一控制过程需要由执行员工在企业实际运营中具体实施，并将控制要求转化为控制薪酬，以便企业进行考核和激励。控制薪酬的高低直接反映了企业在成本费用支出方面的控制执行结果。

4. 监督执行标准

监督执行标准是指在企业的发展过程中，由管理者制定并批准的一套管理监督准则。这些准则旨在确保企业内部的各项任务得以有效执行，并达到预期的目标。

三、使用权益乘数的外部环境分析

企业在运用权益乘数时，必须充分考虑外部环境的影响。特别是经济环境和政治环境对权益乘数的调整密切相关。

以 K12 教育领域为例，由于国家政策的调整，企业应迅速作出降低权益乘数的决策，以规避潜在的政策风险。相反，对于国家大力倡导的领域，企业可以充分利用外部红利，预测市场需求增长量，并充分考虑国家基础设施投资的扩大，这些都有助于提高企业盈利能力。在这些有利条件下，企业可以考虑适当提高权益乘数，以获取更高的投资回报率。

在评估外部环境时，管理者可以采用 SWOT 分析框架，并为其赋予量化标准。这一量化标准允许管理者更加直观地评估和分析企业在不同环境下的战略地位和机会。然而，值得注意的是，各个参与决策的高级管理者可能会提出不同的 SWOT 内容。管理者需要将这些无序的观点转化为有序的分析，将无规则的意见整合为有规则的策略。为实现这一目标，管理者应当鼓励开放性思维，让大家充分发表意见，并按照不同的类别进行加分，以确保评测分数的客观性和公正性。这种决策过程不仅有助于消除思维壁垒，还能促进不同思维维度的人的思维同步进化。基于上述分析，管理者可以设定一个评估评测分数的标准，以指导企业的策略执行。

第五章

财务思维助力企业持续受益

财务思维，从企业持续发展的视角出发，是一种重要的管理思维。它要求管理者能够全面理解并运用财务数据，以此为基础深入分析和评估企业的整体运营状况，进而为企业的决策者提供有力的决策支持。

第一节　财务数据数字化管理标准

财务数据化管理标准，指的是以企业原有的财务指标为基础，通过优化这些指标以设定未来五年内的财务目标，并据此进行倒推式执行的管理指标体系标准。以贵州茅台为例，其股票每股收益从 2014 年的 12.22 元增长至 2022 年的 49.9 元，净资产收益率也维持在 30% 以上的高水平。市值更是从 2004 年的 128.38 亿元攀升至 2023 年的 1 706 亿元。通过贵州茅台的案例，我们可以总结出财务数据数字化管理标准的几个关键特点。

一、企业管理的个性化需求

企业管理，如同人的个性，独一无二，各具特色。这种独特性在企业筹建初期便与创始人的性格和理念紧密相连。创始人根据自己的目标和想法组建核心团队，并塑造企业的管理风格。

（一）发展初期注重销售

在企业初创期，以销售为导向的管理形态能够迅速推动企业的发展。创始人带领企业紧盯销售目标，销售团队的努力往往能够带来快速的业绩增长。然而，随着企业发展进入中期，如果管理团队的水平和组织架构无法适应快速增长的销售需求，企业的营运能力可能会下降，甚至陷入困境。这是因为虽然销售是企业发展的源泉，但管理同样重要。没有有效的管理支持，销售的增长可能会失去后劲，甚至导致企业崩溃。

（二）发展初期注重管理

虽然以销售为导向的管理形态在初创期能够带来快速的业绩增长，但过度忽视管理可能导致企业在中期面临困境。随着企业的发展，管理的重要性逐渐凸显。这时，企业需要结合财务思维来制定财务发展指标和管理标准，确保管理与销售协同发展。例如，当企业销售收入增长率为 30% 时，如果费用增长率高达 40%，这意味着企业的净利润增长率可能会下降。

二、企业管理标准的形成与迭代

企业在发展过程中会逐步建立起自己的财务指标数据管理标准。图 5-1 展示了企业在不同发展阶段的特征。在创业初期，企业处于融入阶段，由于资金和资源的限制，高素质、高能力的人才可能因薪酬问题而难以招聘到位。此时，企业的销售收入通常小于 100 万元，处于亏损状态。这个阶段是企业奠定管理基础、积累经验和资源的关键时期。

随着企业进入生存期，开始寻求融资，从原始的管理标准 1.0 逐步过渡到相对完善的管理制度和流程。在这个阶段，企业开始有序地招聘高端人才和有能力的员工，以推动销售收入的持续增长。随着盈利能力的增强，企业开始步入正轨。

当企业进入发展阶段时，企业管理标准也同步升级。在这个阶段，管理者通常会高薪聘用高级管理者，以打造更加完善的企业管理标准和方法。同时，企业开始注重管理的流程和品牌建设，形成管理标准 3.0。这些举措有助于提升企业的市场竞争力和品牌影响力。

最终，当企业步入扩张期时，人均收入大幅提高，企业开始具备一定的知名度。在这个阶段，企业对于员工的招聘标准变得更加严格，以确保新加入的员工符合企业的发展需求。企业的组织方法健全有效，管理机构注重流程和制度的建设，内控环境得到进一步优化，形成管理标准 4.0。此时，企业可能会考虑启动上市流程，以进一步提升企业的品牌价值和市场地位。

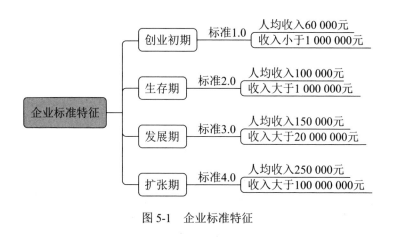

图 5-1   企业标准特征

三、管理标准的数据化支撑

在现代企业管理中，数据化的支撑已经成为不可或缺的一部分。随着数字经济的深入发展，企业逐渐意识到人为管理的低效率，开始将重复、简单、流程化的工作交由软件来处理。这包括但不限于 ERP 管理系统、财务信息共享系统、库存管理系统、办公 OA 系统、销售系统、合同管理系统等。

根据 2022 年我们对 286 家中国上市企业的诊断数据，仅有 3 家企业符合管理标准，其他 283 家企业都存在管理漏洞。

（一）明确企业每个人的职责

上市企业作为公众企业，其管理制度通常较为规范。然而，即使每个员工的工作职责都分工明确，企业的管理盲区仍然存在。这些盲区主要源于传统企业管理中员工之间的边界问题。尽管上市企业有内控制度来管理这些边界，但管理漏洞仍然会出现在这些盲区中。例如，宁德时代的销售毛利率持续下降问题和三一重工的销售净利率连续 3 年下降的问题，都是由管理漏洞导致的。

（二）优化企业信息系统的链接方式

上市企业的信息系统通常是自下而上的链接方式，这意味着管理者主要是数据的观看者。然而，这种方式存在一些问题。首先，这些数据是不是由企业自上而下部署的；其次，管理者的战略规划与基层的信息系统是否真正连接在一起；此外，企业员工是否清楚他们的每项职责和任务都与企业的哪项战略规划收入相连接；最后，当管理者遇到预警流程和突发流程时，他们是否能够做到牵一发而动全身。为了解决这些问题，企业需要优化信息系统的链接方式，确保数据的准确性和及时性，并加强管理者与基层员工之间的沟通和协作。

（三）实现企业规划发展数据与执行信息系统的有效连接

另一个问题是企业规划发展数据与执行信息系统之间的脱节。目前的情况是，企业的数据主要成为执行结果的展示，而不是在事前进行规划和预防。尽管企业可能有事先的规划，如项目全预算管理等，但这些规划往往存在一些问题。例如，预算的制订是否与企业的每项任务真正连接在一起？通过现有的预算管理系统，我们是否能够看到员工的真正价值？我们是否了解员工的信用等级？每次规划预算时，我们是根据过去的经验来制定，还是根据全面的财务思维逻辑来布局每名员工的薪酬激励制度，并引入市场竞争治理机制来促使员工自动进行管理思维进化？

为了解决这些问题，企业需要实现其规划发展数据与执行信息系统的有效链接，以便在事前进行更有效的规划和预防。这包括加强数据分析和预测能力、优化预算管理系统、建立完善的薪酬激励制度等。

第二节　财务思维动力来自何处

在探讨管理者的财务思维动力时，我们不禁要问：这种动力究竟源自何处？深入剖析后，我们可以清晰地看到，符合企业战略发展规划的商业逻辑正是这股动力的源泉。

一、营利模式是管理思维的动力

企业的持续运营和发展离不开盈利能力这一核心要素。企业在初创阶段就必须根植于商业逻辑之中，这意味着它们必须展现出社会价值，满足市场需求，锁定精准的客户群体，并明确自身的行业定位。所有这些要素共同构成了盈利能力的综合体现。

以科技企业为例，它们往往因强大的盈利能力而备受投资者青睐。科技创新的特性使得这些企业能够创造巨大的价值，进而推动盈利能力的提升。在资本市场上，科技类上市公司的市盈率往往较高，反映出其高估值和高销售净利率。有些企业的销售净利率甚至可以达到30%至60%的高水平。

盈利模式不仅塑造了企业的商业模式，更关系到其销售净利率的高低。资金总是流向那些利润丰厚的行业。

二、业务管理思维的执行力

在企业的日常运营中，业务管理思维的执行力至关重要。这种执行力不仅要求业务人员具备出色的业务能力和高效的执行策略，而且需要他们能够与财务思维相结合，以量化和科学的方式评估业务活动的成本和收益。财务思维在业务管理中起着至关重要的作用。

（一）量化工具

它是一种强大的量化工具，能够帮助管理者精确地衡量业务活动的财务绩效。通过收集和分析财务数据，管理者可以清晰地了解哪些业务活动为企业创造了价值，哪些活动存在潜在的风险或成本浪费。这种量化分析为管理者提供了科学的决策依据，使他们能够做出更加明智和精准的决策。

（二）业财桥梁

财务思维也是连接业务和财务的桥梁。在业务活动中，资金流动和成本控制是至关重要的。管理者需要运用财务思维来评估业务任务的资金需求和预期收益，确保业务活动与企业的整体财务目标保持一致。通过财务数据的监控和分析，管理者可以及时发现业务活动中的问题和风险，并采取相应的措施进行调整和优化，以确保企业的财务稳健和可持续发展。

例如，A 企业是一家商贸企业，代理某品牌产品，并通过经销商进行销售。然而，经过三年的经营，企业一直处于亏损状态。通过深入了解和分析发现，该企业有 10 名业务员，但他们的业绩差异较大。其中，3 号业务员的业绩显著高于其他业务员，达到了 800 万元 / 年，而 8 号业务员的业绩则较低，仅为 50 万元 / 年。因此，当企业在招聘新的业务员时，应该优先考虑那些具备类似 3 号业务员特质和能力的候选人，以确保企业能够实现更高的盈利。

三、战略一体化的财务思维核心

企业作为一个完整的有机体，其运营与发展需要一种全面而协调的思维模式，这就是战略一体化的财务思维模式。这种思维模式的核心在于将企业的战略方向、治理机制和财务监控三者紧密结合，形成一个"战略达成量化＋治理机制＋财务监控"三位一体的管理架构。

（一）战略达成量化

在战略一体化的财务思维中，战略达成量化是基石。这意味着管理者不仅要有明确的战略方向，还需要将这些战略方向转化为具体、可衡量的财务指标。这样，管理者就能更直观地了解企业在实现战略目标过程中的财务状况和业绩表现，从而及时发现问题并进行调整。

（二）治理机制

治理机制是战略一体化财务思维的重要组成部分。它确保企业的决策过程公正、透明，防止出现内部控制问题，并保护股东和其他利益相关者的权益。有效的治理机制还能促进企业内部各部门之间的沟通和协作，确保企业战略能够得到有效执行。

（三）财务监控

财务监控是战略一体化财务思维中不可或缺的一环。通过对企业财务状况的实时监控和分析，管理者可以及时发现潜在的风险和问题，并采取相应措施进行应对。

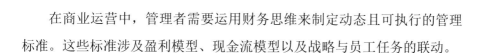

第三节 财务思维需要形成什么标准

在商业运营中，管理者需要运用财务思维来制定动态且可执行的管理标准。这些标准涉及盈利模型、现金流模型以及战略与员工任务的联动。

一、盈利模型的管理标准

盈利是企业生存和发展的动力。营利模型是管理者实现商业价值的重要手段，它要求管理者找到合适的人才和决策策略。

（一）盈利结构模型设计

管理者在构建盈利模型时，应以收入为核心，结合成本、费用等因素，对企业盈利结构进行全面规划。这种设计需要确保企业在实现销售收入的同时，能够控制成本，保持稳定的盈利能力。

（二）同行业标准参考

在制定盈利模型时，管理者可以参考同行业内的优秀企业。例如，酿酒行业中的贵州茅台和五粮液，某年，其销售毛利率分别为91.87% 和75.42%，而这家企业自身的销售毛利率为80%。基于这些信息，管理者可设定一个更具挑战性的目标，如将销售毛利率提升至85%。这样的目标不仅有助于激发企业的潜力，还能为企业的未来发展提供明确的方向。

（三）销售净利润率指标设计

完成盈利结构模型的设计后，管理者需进一步确定销售净利润率指标。这需要对企业的各项成本和费用进行深入分析，以找出降低成本、提高利润的有效途径。例如，若企业未来实现了85%的销售毛利率目标，那么每增长1000万元的销售收入，企业的毛利金额将提高50万元。通过类似的逻辑，管理者可对企业利润表的其他科目进行独立设计，从而最终完成企业销售净利润率指标的设计。

二、现金流模型的管理标准

现金流模型的管理标准是指管理者对企业现金流整体的输入及输出的规划，旨在确保流入的现金流经过企业各个环节后能够产生最大的企业盈余，并最终转化为可观的投资回报。为实现这一目标，需建立一个全面而细致的规划模型。在构建此模型时，管理者应遵循以下三个核心原则。

（一）行业原则

现金流模型的构建应与行业特性紧密相连。当行业普遍采用预收账款模式时，管理者应设计相应的预收账款规划以增强企业的经营性现金流。相反，如行业普遍采用预付款模式，且应收账款保持在收入水平的5%左右，管理者在制定规划时应略高于这一行业标准，以体现企业的前瞻性和竞争力。

（二）优化原则

管理者在初步确定现金流模型后，需对数据进行逐个优化。每个数据都代表着企业未来业务的模型和标准，因此优化过程需根据企业的实际情况进行。管理者可通过分析历史数据、市场趋势以及竞争对手的表现来寻找优化点。同时，优化过程应具有动态性，能根据市场变化和企业发展情况及时调整模型参数。

（三）平衡原则

在制定现金流模型时，管理者需进行合理化的可行性评估。所设定的指标既不过高也不过低，以保证企业的稳定发展。若有以前年度的数据可供参考，管理者应按照超越以前年度实际财务指标的标准进行合理优化。这一原则要求管理者在遵循行业原则和优化原则的基础上，找到最适合企业发展的平衡点。

三、战略与员工联动的管理标准

在企业管理中，战略与员工联动的管理标准主要指的是企业战略的实现或企业规划的达成需要与企业中每个人的价值观和日常任务紧密相连。

企业战略的规划由符合企业当前发展阶段需求的高级管理者来完成。这些高管不仅深入了解自己的执行团队和每个成员的能力与特长，还具备从宏观角度制订战略计划的能力。战略规划与治理机制一旦确立，就会进一步转化为高管的薪酬规划。在这个过程中，每位高管都会建立自己的利润中心，通过管理和运营这个中心来实现自己的利润目标。

以企业未来五年的收入规划为例，假设企业的目标收入是 2 亿元。一名高管的薪酬标准是 80 万元，他需要招聘 9 名执行员工作为其服务团队。这 80 万元的薪酬中，有 20.7 万元来源于这 9 名执行员工的薪酬提成，如表 5-1 所示。

表 5-1　薪酬规划

员工编号	职务	薪酬 / 万元	高管管理津贴 / 万元
1002	经理	23	20.7
1003	职员	8	—
1004	职员	9.5	—
1005	职员	9	—

续表

员工编号	职务	薪酬 / 万元	高管管理津贴 / 万元
1006	职员	10	—
1007	职员	15	—
1008	职员	10	—
1009	职员	11	—
1010	职员	8	—
合计 / 万元		103.5	20.7

从表 5-1 中可以看出，高管对于 1003 号和 1010 号员工的关注度和培养意愿非常高。而 1007 号员工，尽管其绩效可能不够理想，但高管并没有放弃他。通过这一年的经验和数据支持，高管在第二年制定自己的薪酬规划时会更加有信心。他们可以根据前一年的实际情况调整策略，使规划薪酬的达成率越来越接近 100%。为了实现这一目标，需要遵循以下三个原则。

（一）战略规划转化为薪酬

战略规划是企业发展的重大性、全局性、基础性和未来性的谋划，涉及企业的目标、方针和任务。员工更关心的是自己的职业成长、价值体现和受尊重的程度。因此，为了使战略规划与员工需求相结合，战略规划需转化为员工内在的动力和激励。这一转化过程中有两个前提是必不可少的。

1. 公开、公平和公正的机制

这一前提确保了员工的成长轨迹是客观、透明和不受外力干预的。它类似于时间的流逝，每个人都在同样的时间框架内生活和工作。同样地，在企业中，引入时间的标尺意味着员工在同一工作时间内，通过提高工作效率和创造价值来获得相应的回报。这种回报最直接的表现形式就是薪酬。

2. 员工价值观与企业文化趋同

员工的价值观与企业文化价值观的趋同，是企业发展不可忽视的一环。员工的价值观不仅是他们个人的信仰和原则，也是企业文化形成和发展的基础。员工的价值观与企业文化价值观的趋同，体现在对企业使命和愿景的认同上，也体现在员工的工作态度和行为上。

（二）员工价值成长原则

在现代企业运营中，员工价值的提升与企业的整体业绩紧密相连。为了最大化这种联动效应，企业正寻求一种让员工仿佛为自己打工的工作模式，并在企业内部构建一种健康的市场竞争环境。

员工的价值成长不仅是技能的提升，更是一个潜在内驱力觉醒的过程。这意味着员工需要突破自我，实现思维的进阶。当他们对自己充满信心，相信自己的能力和潜力时，这种信念将转化为实际工作中的巨大动力。

为了推动员工的价值成长，管理者需采取一种全新的策略：将每位执行员工培养成为创业者。在这样的模式下，员工无须担忧资金来源或薪酬问题，他们只需专注于优化自己的工作流程，提升个人的工作效率，以及为企业创造更多的价值。

（三）高管扶持原则

在企业战略的实现过程中，每一个执行环节都至关重要，因为所有的战略目标最终都需要通过员工的实际行动来达成。高管的价值不仅在于制定战略，更在于激励员工，确保他们能够以最高效、最准确的方式执行任务。

为了体现这种协同理念，企业可采用一种创新的薪酬模型，将高管的薪酬与所管理员工的薪酬紧密挂钩。例如，一位高管管理了 20 名执行员工，这 20 名员工年度总薪酬为 200 万元，那么这位高管的薪酬将按照一定比例（如 20%）来发放，即其年度薪酬为 40 万元。这种方式不仅确保了高管与员工的利益一致，还鼓励高管更加深入地了解和支持员工的工作。

高管不仅是战略的制定者，更是战略执行者的支持者和指导者。他们需对员工执行任务的标准进行细致的指导和扶持，确保每个任务都能够高效、准确地完成。这种扶持不仅是技术上的，更包括情感上的支持，让员工感受到高管的真诚关怀和帮助。

团队的力量是巨大的，企业作为一个平台，需要每个团队成员的共同努力才能保持其稳定和发展。高管在维护平台稳定的同时，还需不断提升团队的标准和效率，确保企业始终处于行业前沿。

第六章

财务思维下的人力资源管理

财务思维在人力资源管理中的应用，不仅仅是一种工具或方法，更是一种深刻的管理理念。它要求管理者从财务的角度出发，对人力资源进行量化和规划，从而更全面地理解和管理这些有潜力的员工。

第一节　财务思维指导匹配优秀人才

财务思维的广义概念旨在指导管理者识别和吸引优秀的人才。然而，必须明确的是，优秀的人才并非轻易可得，他们是可遇而不可求的。仅凭经验和业绩来判断一个人的优秀程度是有不足的。

一、人力成本型员工与人力资源型员工的区别

人力成本型员工与人力资源型员工最大的区别在于他们为企业创造的价值不同。简而言之，人力成本型员工是企业的消耗者，而人力资源型员工是企业的贡献者。接下来，我们将从内在和外在两个维度来详细介绍这两类员工的区别。

（一）员工内在维度

1.情绪管理

人力成本型员工：情绪化严重，态度消极，嫉妒心强。面对困难时，他们倾向于抱怨，甚至诋毁他人，愿意选择走捷径。

人力资源型员工：情绪稳定，面对挑战时积极主动，从不诋毁他人，并乐于帮助他人。他们做事踏实肯干，始终以结果为导向，当出现问题时，会首先从自身找原因，并努力带动其他员工一同奋斗。

2. 价值观

人力成本型员工：典型的利己主义者，自私自利，总是希望占便宜。

人力资源型员工：价值观与企业文化相契合，具备利他心，多半能够站在他人的角度思考问题，注重团队合力，以实现企业的整体目标为己任。

（二）员工外在维度

1. 工作质量

人力成本型员工：工作质量往往不高，并且容易遇到瓶颈，难以提升。

人力资源型员工：严谨认真，始终追求高质量的工作输出。

2. 工作效率

人力成本型员工：工作效率低下，缺乏提高工作效率的能力。

人力资源型员工：积极进取，深刻理解时间的价值，工作效率往往较高。

3. 工作态度

人力成本型员工：工作态度消极，喜欢浑水摸鱼，逃避责任。

人力资源型员工：态度积极，愿意主动解决问题，并持续进行思维迭代和蜕变，以不断提升自己的能力和价值。

二、人力资源型员工的价值

人力资源型员工的价值不仅体现在人力成本维度，更在于他们能及时发现并处理企业运行中的风险点，提出有效的解决方案。

（一）发现预警事件

预警事件指的是那些可能对企业造成严重影响的自然灾害、事故灾害和管理舞弊等情况。人力资源型员工在执行任务时具有敏锐的风险意识，能够及时发现与企业原则不符的问题，并立即向相关部门报告，提出改善建议。这种能力有助于企业及时应对风险，减少损失。

（二）发现突发事件

突发事件通常是由外部环境变化引发的，如政策调整、经济危机等。人力资源型员工具有高度的敏感性和预判能力，能够监测到外部环境的变化，并在必要时启动紧急机制，调整企业战略和员工任务安排。

（三）思维进化

企业的发展离不开员工的思维进步和创新。人力资源型员工注重每日的思维优化和升级，他们善于从多个角度思考问题，提出创新性的解决方案，为企业带来持续的竞争优势。

（四）内部环境优化

虽然企业无法完全控制外部环境，但可以通过优化内部环境来促进员工的职业发展和企业文化传承。人力资源型员工关注内部环境的变化，积极参与管理制度和流程的优化，提升企业的运营效率。

（五）逻辑清晰

人力资源型员工在执行任务时注重逻辑清晰和标准化。他们能够准确理解企业的战略目标和任务要求，确保自己的工作与战略目标紧密相连。这种能力有助于节省沟通时间，提升工作效率，确保任务的顺利完成。

三、人力资源型员工是企业发展的推动力

人力资源型员工无疑是企业发展的核心推动力。员工的动力和投入直

接影响企业的活力和竞争力。当企业面临挑战或危机时，人力资源型员工会主动承担责任，并发挥他们的专业能力来解决问题。

（一）建立员工利润中心

员工利润中心是一个专为优秀员工打造的价值成长中心，它让员工深刻体验到通过工作为自己创造价值的乐趣。在这个竞技平台上，每位员工都有机会展示自己的才华，参与激烈的竞技比赛。无论比赛结果如何，他们都能获得相应的价值回报，感受到自己的价值和成长。

当员工在竞技中遇到挫折或困难时，他们的直属领导会给予鼓励和支持，帮助他们重新振作。当员工面临竞技方法的瓶颈时，他们的同伴会伸出援手，共同解决问题，走出困局。这种团队合作和互助精神是员工利润中心的一大特色，它让员工感受到企业的温暖和支持。员工净利润中心包括以下内容。

1. 员工薪酬规划

在员工利润中心的薪酬规划中，员工的全部薪酬收入与企业的收入紧密挂钩。这种薪酬规划确保了员工的收入与他们的贡献和企业的整体表现相一致。

对于销售员工而言，他们的薪酬收入属于一级薪酬。为了获得这一收入，销售员工需要完成与企业内部的采购交易。例如，当销售员工成功销售商品并与客户签订合同时，他们需要采购成本部的商品；接着，成本部需要进一步采购库存管理部的零件；而库存管理部需要向采购部购买材料并将其入库。这一逆向流程确保企业内部形成了市场采购关系和层层监督关系，从而保证最终能够按时、按质地向客户交付产品。

除了销售部门之外，其他部门员工的薪酬属于二级薪酬。这意味着他们的收入是由上游部门在采购过程中分配的金额所决定的。这种薪酬规划方式既鼓励企业内部部门之间的合作与协调，同时也确保每个部门都有机会为企业的整体收入作出贡献。

2. 员工业务费用规划

在员工利润中心的业务费用规划中，员工的业务费用是指他们在销售过程中产生的各种费用，如差旅费、业务招待费等。这些费用会被计入员工的利润中心，以便员工能够清晰地看到业务费用对他们的利润中心的影响。

业务费用率是一个重要的指标，用于衡量员工在销售过程中产生的业务费用与其薪酬收入之间的比例。计算公式为：业务费用率 = 业务费用 ÷ 员工薪酬收入。这个比率可以帮助员工了解他们在销售过程中产生的费用相对于收入的比例，从而促使他们更加谨慎地管理自己的业务费用。

3. 员工薪酬效率规划

员工薪酬效率规划是一种将员工的薪酬与其所投入的任务时间直接挂钩的管理策略。在这种规划下，员工的薪酬是通过他们完成任务所需的时间来计算的，这意味着员工的薪酬效率可以通过一个简单的公式来衡量：员工薪酬效率 = 薪酬 ÷ 时间。

通过薪酬效率规划，员工能够更清晰地了解自己的劳动投入与所得报酬之间的关系，这有助于增强他们对完成薪酬收入的信心和把握。当员工意识到他们的薪酬完全取决于他们的工作效率和时间管理时，他们会更倾向于优化工作流程，提高工作效率，以减少完成任务所需的时间，从而增加薪酬效率。

此外，薪酬效率的对比也是一种有效的激励手段。当员工之间或员工自身在不同时间段内比较薪酬效率时，他们也可以清晰地看到自己的进步和成长。

4. 员工规划与实际差异评估

在员工利润中心的管理中，规划与实际之间的差异是不可避免的。这种差异可能是由多种原因造成的，比如市场环境的变化、个人能力的限制、意外事件的发生等。为了更好地管理和引导员工，企业可以引入信用系统来记录和处理这些差异。

当员工的实际业绩与规划存在差异时，这种差异会被计入信用系统。信用比率或差异率是一个重要的指标，用于衡量实际业绩与规划之间的差异程度。它的计算公式为：信用比率（差异率）＝（实际业绩－规划业绩）÷规划业绩。通过这个比率，企业可以清晰地看到员工在实际工作中的表现与预期目标之间的差距。

需要注意的是，企业不应过分强调短期的业绩达成，而是应该鼓励员工以长远的眼光看待自己的工作和发展。急功近利可能会导致员工忽视长期利益，而超越自己、持续改进才是员工利润中心的真正目的。

信用方法的引入不仅有助于企业更全面地了解员工的工作表现，还能为员工提供一个更加公平、透明的评价机制。当员工意识到自己的规划与实际之间的差异会被公正地记录和评估时，他们会更加积极地面对挑战、寻求改进，并在不断的实践中提升自己的能力和价值。

5. 员工优化调整规划

员工的优化调整规划是一个持续的过程，旨在帮助员工提升工作效率、改进业务表现并实现个人与企业的共同发展。这个规划需要员工自己完成，因为它涉及员工对自身工作的深入理解和自我提升的动力。在规划过程中，员工需要关注多个方面，包括薪酬效率、业务费用率和信用比率等，并制定具体的优化细节和调整方案。

（1）薪酬效率。员工可以通过比较自己的薪酬与时间投入的比例，以及与同事或行业标准的对比，来评估自己的薪酬效率水平。然后，员工可以制定具体的优化措施，如改进工作流程、提高工作效率、减少不必要的时间浪费等，以提升薪酬效率。

（2）业务费用率。员工应该仔细分析业务费用的构成和产生原因，并寻找降低费用的途径。例如，员工可以考虑优化差旅安排、减少不必要的业务招待等，以降低业务费用率。

（3）信用比率。员工应该了解自己在信用系统中的表现，并根据信用比率来评估自己的规划与实际之间的差异。如果信用比率较低，员工需要分析原因并采取相应措施来改进。例如，员工可以通过加强时间管理、提高任务完成质量等方式来提升信用比率。

（二）薪酬类型

（1）内部采购薪酬：内部采购薪酬是为完成间接管理任务而设立的薪酬，与企业战略收入不直接相关。

（2）提成薪酬：提成薪酬是一种与战略收入挂钩的薪酬方式，员工的薪酬根据其业绩提成比例来确定。

（3）同级互帮薪酬：同级互帮薪酬是同级员工之间，薪酬高的员工帮助薪酬低的员工提高薪酬，并按照一定比例分享薪酬提升的部分。

（4）服务薪酬：服务薪酬是指员工需要其他员工或领导协助完成业务时，给予协助者的薪酬。

（5）管理津贴：管理津贴是高级管理人员为下属员工提供指导、技能完善等间接服务而获得的薪酬。

（6）控制薪酬：控制薪酬是根据企业实际成本费用与标准成本费用的差额来确定的薪酬。

（7）排名薪酬：排名薪酬是在同级同工作任务的情况下，根据公开排名给予员工一定比例的额外薪酬。

（8）奖励薪酬：奖励薪酬是为表彰员工对企业的贡献而给予的额外薪酬。

（9）推荐薪酬：推荐薪酬是员工为企业推荐符合企业文化要求的新员工，推荐成功后，员工可获得的薪酬奖励。

（三）期权奖励

期权奖励是企业为激励和保留高级管理人员而实施的一项长期激励机制。这些员工通常位高权重，对企业战略达成和项目计划完成具有重要影响。通过授予期权，企业能够将这些关键人物的利益与企业的长远发展紧密绑定，促使他们更加积极地为企业创造价值。期权的授予通常基于员工的职位、职责、绩效以及企业的整体表现。在期权有效期内，若企业的市值或业绩达到预定目标，员工便有权行使期权，从而获得相应的收益。

（四）终身养老福利

除了短期薪酬支付，企业还应关注员工的长期福利，特别是优秀的人力资源型员工。终身养老福利是一种为员工退休后的生活提供经济保障的机制。其计提依据通常是按员工总体薪酬的一定比例进行累积，并由信托企业进行管理。在确保储备本金安全的前提下，通过长期投资实现收益最大化。终身养老福利的支付通常从员工退休时开始，可以按期支付或由其下一代继承。

（五）终身成就奖

终身成就奖是企业在员工工作满30年时颁发的一项特殊奖励。这一奖项旨在表彰员工对企业做出的长期贡献和卓越成就。奖励金额通常依据员工总体薪酬的一定比例确定，并附赠一份员工的价值成长回忆录。

通过颁发终身成就奖，企业不仅能够表达对员工的感激和敬意，还能增强员工的归属感和荣誉感。同时，这份回忆录也能让员工回味工作中的快乐和幸福，为下一代留下精神财富和物质财富。

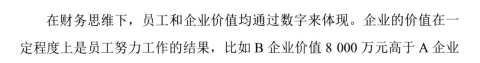

第二节　员工价值的财务数字化评估

在财务思维下，员工和企业价值均通过数字来体现。企业的价值在一定程度上是员工努力工作的结果，比如 B 企业价值 8 000 万元高于 A 企业的 5 000 万元，反映了实力和优势的差异。

一、员工工作效率的核定

在企业管理中，工作效率是衡量员工绩效的重要指标之一。传统的工作效率分配方式可能更侧重于任务完成的数量或质量，但在财务思维下，我们更加注重员工的工作效率与其薪酬之间的关系。这种变化体现了企业管理思维的进化，使得财务思维贯穿于企业的各个环节，包括任务分配、薪酬设计以及绩效评估等。

我们可以通过具体的计算公式来核定员工的工作效率。工作效率的核定公式为：工作效率＝规划薪酬÷实际工作时间。

由表 6-1 可知，B 员工的工作效率高于 A 员工。这意味着 B 员工在单位时间内所创造的价值更高，或者说 B 员工在相同的时间内完成了更多的工作。从财务思维角度来看，管理者更倾向于使用 B 员工，因为他们能够获得更高的工作效率和更好的投资回报。

表 6-1　A 员工和 B 员工的工作效率

项目	规划薪酬 / 元	实际工作时间 / 分钟	工作效率 /（元 / 分钟）
A 员工	240	480	0.5
B 员工	240	400	0.6

（一）按工作任务重要等级核定员工价值及薪酬

1. 直接任务与间接任务的权重核定

在 A 企业中，工作任务按照其对收入的贡献被划分为直接任务和间接任务。直接任务主要指的是销售部门和成本相关部门的工作，这些工作直接关联到产品的销售和成本的控制，因此对企业的收入贡献度是显而易见的。而间接任务是指那些协助完成直接任务的部门，如研发、人事、财务、技术和行政等部门，虽然这些部门的工作不直接产生收入，但对于企业的稳定运营和长期发展至关重要。

为了确定直接任务和间接任务的权重，我们需要引入"贡献度"这一概念。贡献度是指各部门规划薪酬与企业签约收入之间的比例。通过计算各部门的贡献度，我们可以得出直接任务和间接任务之间的权重比例。

以 A 企业为例，假设企业签约收入为 2 000 万元，直接任务部门规划薪酬合计 180 万元，间接任务部门规划薪酬合计 100 万元。根据贡献度的计算公式，我们可以得出直接任务和间接任务的权重比例为 9∶5。

2. 直接任务内部的权重核定

在确定了直接任务和间接任务的权重后，我们还需要对直接任务内部各部门的权重进行核定。直接任务内部主要包括销售部门、采购部门、生产部门和库存管理部门等。这些部门的工作都与销售收入和成本控制直接相关，因此，我们需要根据各部门的贡献度来确定它们在直接任务中的权重。

以 A 企业的直接任务部门为例，假设各部门的规划薪酬如表 6-2 所示。我们可以看到，销售部门的权重最高，因为销售收入是企业的主要收入来源，销售部门的业绩直接影响到企业的盈利。采购、生产和库存管理部门虽然不像销售部门能直接产生收入，但它们在确保生产和销售顺利进行方面发挥着关键作用，因此也有相应的权重分配。

表 6-2　直接任务内部的权重

直接任务部门	规划薪酬 / 万元	权重
销售部门	100	56%
采购部门	20	11%
生产部门	40	22%
库存管理部门	20	11%
合计	180	100%

3.间接任务内部的权重核定

间接任务中的权重核定涉及那些与收入间接相关的任务，主要是管理部门的工作。为了公平和有效地分配资源，这些部门的贡献度同样需要按照一定的标准来计算。

以 A 企业的间接任务部门为例，假设各部门的规划薪酬及权重如表6-3 所示，我们可以看到技术部门和研发部门在间接任务中的权重相对较高，这是因为它们对于公司的技术创新和产品研发具有至关重要的作用。而人事、财务、行政和法务部门虽然同样重要，但它们的权重相对较低，因为它们的工作更多的是支持和服务于公司的核心业务。

表 6-3　间接任务内部的权重

直接任务部门	规划薪酬 / 万元	权重
人事部门	2	2%
财务部门	4	4%
技术部门	50	50%
研发部门	40	40%
行政部门	2	2%
法务部门	2	2%
合计	100	100%

（二）按工作任务难易程度核定

在实际工作场景中，各项任务的难易程度往往与预期规划有所不同。

企业从市场中赢得收入，管理者深知取得这些收入背后的成本和付出。因此，在分配实际任务时，需要根据工作任务的难易程度进行调整，确保薪酬与付出相匹配。

规划薪酬虽然代表了标准价值，但在实际操作中，需要根据客户的等级进行调整。难易等级系数的计算公式为：

难易等级系数＝客户资产金额÷规划薪酬的客户资产金额

以规划薪酬时设定的客户对象资产总额为 5 亿元为例，如果实际谈成的客户资产总额达到 10 亿元，那么难易等级系数就是 2。这意味着实际薪酬应该是规划薪酬的两倍。但这是否会对企业的净利润产生负面影响呢？答案是不会。因为这份大额合同的签订不仅提升了企业的客户标准，还增加了企业的收入。在未来，企业可以将规划薪酬的客户资产总额提高到 10 亿元，但今年通过难易等级系数产生的额外薪酬将激发销售员工的积极性，从而推动企业的整体发展。

更重要的是，当越来越多的员工愿意超越规划薪酬，打破常规，企业的发展速度将会加快。这种发展不是单一销售部门能够实现的，而是需要全员的协作与联动。当员工都愿意积极投入，追求卓越时，企业将会迎来更加光明的未来。

（三）按工作任务实际时间标准核定

员工的实际工作时间是衡量其工作效率的关键指标。在完成部门权重核定后，对员工实际时间的统计变得至关重要。通过运用财务思维，我们已经为员工制定了清晰的规划薪酬和规划时间。接下来，我们需要基于这些任务数据，对员工的工作效率进行排名，以便更准确地描绘部门内员工的画像。

值得注意的是，为了确保员工能够持续创造价值，同时避免过度加班，企业为每名员工设定的考核时间是规划工作时间每天 480 分钟的 85

折，即 408 分钟。这种设定旨在鼓励员工在正常工作时间内高效工作，以创造最大价值。

从财务思维角度考虑，每位新员工的入职都会带来一系列的隐性成本，包括培训、招聘、开会和沟通等费用。以规划薪酬每分钟 0.5 元为例，通过表 6-4 的测算我们可以看到，在新员工入职的第一个月内，企业至少需要支付 1 925 元的隐性费用。这些费用是人事部门和销售部门为了培养员工而投入的时间成本。如果考虑到更长的周期，如 6 个月或 1 年，这些费用将会进一步累积。

表 6-4　新员工入职 1 个月企业需要支付的隐性费用

项目	每天时间 / 分钟	天数	实际时间 / 分钟	实际费用 / 元
招聘	30	3	90	45
培训	450	4	1 800	900
开会	100	4	400	200
沟通	60	26	1 560	780
合计	—	—	—	1 925

二、效率与员工薪酬的对价关系

工作效率与员工薪酬之间的对价关系，是企业管理中不可或缺的一环。这种对价关系的构建，旨在将员工的工作效率与实际薪酬紧密结合起来，形成一套正向的激励机制。企业所设定的薪酬体系，通常是基于标准工作效率和预期工作时间来规划的，这意味着员工若能提高工作效率、节省工作时间，便能相应地增加实际薪酬。

（一）时间与薪酬挂钩

将工作时间与薪酬挂钩，是企业为了引导员工更好地管理时间、提高工作效率而采取的一种策略。通过这种做法，企业希望员工能够深刻认识到时间的宝贵，珍惜时间就等同于创造更多财富。在工作时间内，员工应该积极投入到工作中，为自己和企业创造更多的价值。而工作时间的设定，也应该成为员工创造财富的基准。

在核定时间与薪酬时，企业通常会根据员工的岗位性质、工作内容以及行业特点等因素来制定具体的标准。这样做不仅是为了确保员工的薪酬与工作投入相匹配，也是为了在构建创富平台时，充分考虑到企业的长期稳定发展。

（二）单位时间价格与企业规划时间的对价关系

在企业运营中，每项工作任务都伴随着时间价格和企业规划时间的考量。企业的发展路径就像一张导航图，战略规划确定了最终的目的地，而时间价格与规划时间则如同车辆的性能参数，共同决定了行驶的速度和效率。正如汽车的仪表盘能够全面反映车辆的运行状况，企业的运营数据也能反映出单位时间价格与规划时间的匹配程度。

以 A 企业为例，销售员若要完成 100 万元的收入任务，预计可获得 8 万元的直接薪酬。企业会根据规划的时间（如 20 天完成，每天 430 分钟）和单位时间价格来核算员工的薪酬。这意味着，在规划的时间内，员工的工作效率将直接影响他们的薪酬水平。如果员工能够提前完成任务，他们的单位时间薪酬将会相应增加，反之则会减少。

（三）规划时间与实际时间的价格差

规划时间与实际时间的价格差，是反映员工工作效率的重要指标。当员工的实际工作时间超过规划时间时，意味着他们的效率可能有所下降。为了确保效率最大化，员工需要努力保持实际工作时间低于规划时间。

以 A 企业的 B 员工为例，若他的工作任务规划时间为 30 小时，规划单位薪酬为 60 元，但他仅用了 25 小时就完成了任务，那么企业仍然会按照规划时间支付他 1 800 元的薪酬。这意味着 B 员工的实际小时薪酬达到了 72 元，比规划时间内的薪酬多出了 12 元。这种价格差的存在，不仅激励了员工提高工作效率，也为企业创造了更大的价值。

三、提高员工效率的方法与标准

员工提高工作效率是获取更高薪酬的重要途径。从员工的角度出发，为了最大化个人价值，他们自然会努力提高工作效率。

（一）效率与薪酬的正向关系

当员工工作效率提升，不仅意味着他们能获得更高的基本薪酬，还有可能获得额外的排名薪酬作为奖励。这种奖励机制不仅激发了员工的竞争意识，还让他们对自己的高效工作感到满足和自豪。

（二）员工价值与企业价值的共同成长

员工的薪酬与企业的收入紧密相连，员工的薪酬越高，意味着他们为企业创造的价值越大。因此，员工价值的最大化与企业价值的最大化是相辅相成的。

（三）帮扶薪酬

帮扶薪酬是一种特殊的薪酬制度，旨在支持那些价值观与企业文化相契合，但在能力和方法上仍有欠缺的员工。这种制度鼓励同级或上级员工提供必要的帮助和指导，类似于师傅带徒弟的模式。在帮扶过程中，帮扶人不仅扮演着引导和指导的角色，还从被帮扶员工的成长中获得一定的回报。

实施帮扶薪酬需要注重正向引导，确保帮扶的核心是员工受益。帮扶薪酬的来源通常是从被帮扶员工提升后的薪酬中抽取。例如，在 A 企业中，员工 A 需要员工 B 的帮扶来完成销售任务，当 B 成功帮助 A 完成 100 万元的销售业绩时，假定该项帮扶薪酬为 1 万元。这时，A 员工和 B 员工可以按照一定的比例分配这笔薪酬，如 60% 和 40%。这意味着 A 员工在 B 员工的帮助下可以获得 6 000 元的帮扶薪酬，而 B 员工则获得 4 000 元。

四、时效能提高企业管理标准

在考虑时效性的前提下，提升企业管理标准显得尤为重要。初次设定时效时，管理者可能会面临如何合理设定的困惑，尤其是从财务思维的角度出发。实际上，管理者需要明确的是要将企业打造成一个什么样的实体，以及企业的具体标准是什么。例如，企业的预期收入是多少，需要匹配多少名高管员工，这些高管员工的预期收入是多少，以及全体员工的薪酬占收入的比率应该是多少，在充分考虑这些问题后，管理者便可以制定合适的企业管理标准。

（一）员工薪酬标准

员工薪酬标准是企业薪酬总额与总收入之间的比率，这是企业控制净利润的首要标准。企业的成本费用主要由员工薪酬和任务过程中的支出构成。

例如，A 企业已经运营三年，但收入增长缓慢，遇到发展瓶颈，并且管理跟不上，导致净利润下降。为了解决这个问题，A 企业决定从管理方法入手，首先是激活员工，这需要合理的薪酬标准。回顾过去三年的数据，A 企业的薪酬占收入比率分别为 20%、25%、27%。尽管薪酬标准逐年上升，但企业的净利润并未相应提升，说明薪酬与收入之间存在脱节。

考虑到这一点，管理者决定下一年的薪酬比率仍维持在27%，并预设总收入为2亿元，因此薪酬总额为5 400万元。这就是A企业下一年的员工薪酬标准。

（二）员工文化标准

企业文化是企业的灵魂，员工的价值观和对企业文化的认同是决定企业发展的核心内在因素。管理者必须深刻理解文化与业务之间的紧密联系。

文化的真正标准不在于形式，而在于其实质内容。最有效率的员工，其文化匹配度往往是最高的。企业在构建薪酬体系时，通常会设计多种薪酬类别。每种薪酬类别都反映了特定的文化内涵。因此，可以说薪酬越高，文化标准也相应越高。员工的文化标准应与企业的平均规划薪酬标准相匹配，如表6-5所示。

表6-5　8种薪酬类别

薪酬种类	文化类型	薪酬种类	文化类型
提成薪酬	积极、挑战、坚持	奖励薪酬	思维、沟通
内部采购	简单、专注	控制薪酬	正己
服务薪酬	利他	推荐薪酬	利他
帮扶薪酬	正己、利他	管理津贴	正己、利他

（三）员工思维的进化标准

员工思维的进化标准与企业的薪酬体系紧密相连。当员工的思维进化迅速时，他们的工作效率往往更高，工作更得心应手，从而带来更高的幸福感和满意度，这也直接反映在员工的薪酬水平上。因此，在衡量员工思维进化的标准时，我们可以参考薪酬的月度增长率。

例如，A企业有3名高管员工。通过月度薪酬增长率的趋势图（见图6-1）我们可以发现，S高管的薪酬相对于其他高管是较高的，但从整体趋势来看，其薪酬增长率呈下滑态势。这说明，尽管 S 高管的薪酬水平较高，但其思维的进化速度可能在减慢。因此，薪酬增长率的上升趋势可以作为衡量员工思维进化速度的重要指标。

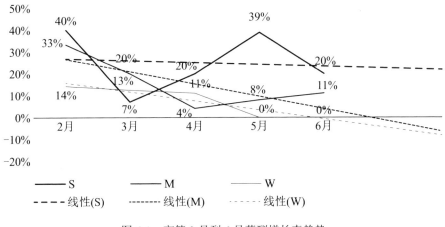

图 6-1　高管 2 月到 6 月薪酬增长率趋势

为了确保员工思维的持续进化，我们设定一个标准：月度薪酬的增长率必须大于零。这意味着员工每个月的薪酬都应该有所增长，以激励他们不断学习和进步，保持与企业发展同步的思维模式。

（四）员工预警事件认定标准

预警事件指的是企业内部制度流程中出现的风险漏洞，这些漏洞可能对企业的运营造成不利影响。为了应对这些风险，企业需要为任务当事人和全盘财务监控者提出解决问题的方案，并形成标准操作流程。值得注意的是，预警事件会随着企业的发展阶段而发生变化，从显性的风险事件逐渐转变为隐性的风险事件。这主要是因为随着企业规模的扩大，制度和流程之间的联动性可能会降低，员工的舒适感会增强，对风险的敏感度也会相应下降。

在处理预警事件时，企业应确保标准与企业的总薪酬占比相关。当企业规划的薪酬稳定性不高时，预警事件的风险就会相应增加。这是因为规划薪酬占收入比率高于实际薪酬占收入比率，说明企业的预警风险是存在的。

以图 6-2 为例，从图中可以看出，实际薪酬占收入的比率是呈下降趋势。这意味着在这几个月里，有预警事件发生但没有及时上报。为了有效管理预警事件，企业应设定员工预警事件的标准为实际薪酬占收入比率大于等于规划薪酬占收入比率。只有当实际薪酬占收入比率达到或超过规划薪酬占收入比率时，企业才能确保运营的稳定性和持续性。

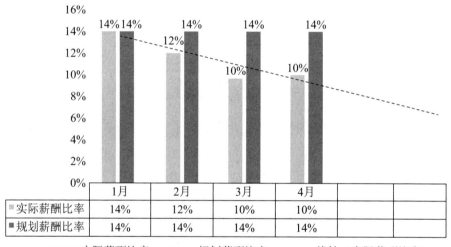

	1月	2月	3月	4月		
▦ 实际薪酬比率	14%	12%	10%	10%		
▦ 规划薪酬比率	14%	14%	14%	14%		

▦ 实际薪酬比率　　▦ 规划薪酬比率　　┈┈┈┈ 线性（实际薪酬比率）

图 6-2　实际薪酬比率与规划薪酬比率趋势

（五）员工突发事件认定标准

员工突发事件通常是指那些由企业外部环境变化引起的、预期会对企业运营产生影响的事件。这些事件往往与工作效率无直接关联，但对企业的影响却可能是深远的。

1. 突发事件的特点与影响

突发事件的发生常常具有不可预测性，其影响也是后期逐渐发酵的。

如果处理不当，特别是对政策和经济变化的预判不准确，可能会使企业在竞争中失去优势，甚至影响整个企业的发展方向。例如，"双减"政策的出台，对新东方等教育培训机构产生了重大影响，迫使其不得不调整业务方向。

在公共关系方面，突发事件的处理同样重要。如果处理不当，不仅可能给企业带来经济损失，还可能损害品牌形象，甚至暴露企业的内部风控弱点，给竞争对手以可乘之机。

2. 薪酬与突发事件的挂钩

为了加强员工对突发事件的应对意识和责任感，企业可以将薪酬与突发事件的处理效果挂钩。当突发事件发生时，管理者可以根据事件对企业所产生的影响金额，按一定比例扣减责任员工的提成薪酬和管理人员的管理津贴。这种挂钩机制旨在促使员工更加重视突发事件的处理，提高应对效率。

第三节　财务数字化时效评估

财务数字化时效评估是企业对员工考核的重要基础，它体现了企业对员工工作质量和效率的重视。

一、时效评估

财务数字化时效评估作为企业衡量员工绩效的重要基石，深刻体现了企业对员工工作质量与效率的高度重视。

（一）员工薪酬规划

员工薪酬规划，作为企业管理中的核心环节，横跨高层、中层与执行层三大层级，旨在构建一个既公平又高效的薪酬体系，为企业的稳健发展与可持续增长奠定坚实基础。

1. 高层薪酬规划

高层管理人员作为企业的战略引领者，其薪酬结构应能激励其更好地服务中层和执行层，推动企业的整体发展。高层薪酬规划是企业管理中的核心环节，其构成主要包括管理津贴、服务薪酬和提成薪酬。高层的首要任务是为中层提供支持和服务，确保他们能够有效地服务于执行层，从而实现企业的战略规划。

高层薪酬的评估应基于其承诺的薪酬标准与实际达成的业绩的对比。例如，A 企业聘请了一位销售总监，预期其每年能为企业带来至少 80 万元的业绩转化薪酬。然而，该高管实际仅实现了 40 万元的业绩。经过深入分析，我们发现以下三个原因：

一是服务薪酬方面，高管的管理风格可能导致其与被服务员工沟通不畅，增加了沟通成本；二是提成薪酬方面，高管可能与中层和执行层产生客户资源竞争，导致执行层员工消极怠工；三是管理津贴方面，高管的管理模式可能对企业整体薪酬结构产生了负面影响，引发员工离职潮，导致管理津贴未达标。基于此，企业决定重新寻找与企业更匹配的高管人选。

在设计高层薪酬时，必须牢记其目的：激励高管为企业的长远利益服务。这意味着我们需要重新审视和认定高管的规划薪酬，确保其既符合企业的战略目标，又能有效激发高管的潜能。同时，建议在试用期三个月后进行核定，以便更准确地评估其业绩和与企业的匹配度。

2. 中层薪酬规划

中层薪酬规划，则更加注重员工的业务能力与服务意识。中层管理人员在企业中扮演着承上启下的关键角色，其薪酬规划需结合个人业务表现与对企业文化的贡献，以确保其能有效传达并执行企业战略意图。

中层薪酬规划的方法与高层相似，每个管理层级都有其试用期和相应的管理权限。高管主要服务于中层，而中层则服务于执行层，形成一个层级递进的服务结构。在执行任务时，执行层的核心是高效完成分配的工作。

作为承上启下的关键过渡者，中层不仅承担着服务职能，还是企业文化的坚定守护者。在规划中层薪酬时，必须充分考虑员工的业务能力和服务意识，以确保其与企业文化的高度契合。

为确保中层的稳定性和连续性，企业应从执行层中选拔中层管理人员。这种选拔应基于员工的信用综合评测分数，确保所选人员不仅具备扎实的业务能力，还与企业文化高度契合。通过对执行层员工的深入了解和薪酬评定，可以清晰地识别出哪些员工最适合晋升为中层管理人员。

3. 执行层薪酬规划

执行层薪酬规划更侧重于基础工资和绩效奖励。执行层员工是企业日常运营的基础，他们的薪酬规划应能反映其工作的重要性和努力程度，同时激励其不断提升工作效率和质量。

执行层薪酬规划在企业战略规划中占据核心地位。为了保持员工的积极性和与企业的紧密匹配，确保时效的高效性，执行层的薪酬规划显得尤为关键。执行层的任务标准应当保持高透明度，这有助于员工明确自己的职责和目标。同时，上级的支持和引领也是提高执行层薪酬的重要因素。

执行层的薪酬结构主要包括提成薪酬和服务薪酬两部分，这两者的确定都基于企业的整体实力和市场表现。以中层薪酬规划为 30 万元以上为例，中层薪酬的标准通常是其所管理员工的薪酬合计金额的 20%。若中层管理的员工薪酬总额达到 150 万元，则该中层管理的每位员工的薪酬应达到 15 万元以上。中层会根据执行层员工的实际情况进行薪酬规划，确保每位员工的薪酬与其贡献紧密相关。

对于具体的员工，如 1 号员工去年薪酬为 15 万元，今年的薪酬规划应根据其表现进行适当调整。例如，在试用期的三个月内，可以规划其薪酬上涨 10%，达到 16.5 万元。若在试用期内未能达到预期目标，则可能需要采取同级互带服务等措施，帮助其提升能力。

（二）员工时效规划

员工时效规划的核心在于提升工作效率，这不仅是提高企业管理标准的基石，也是每位执行者追求卓越的体现。工作效率的直观表现是完成任务所需的时间。例如，当同一项任务从上个月的 30 分钟缩短到本月的 20 分钟时，这节约的 10 分钟就是效率提升的具体体现。

若每位员工每天都能节约 10 分钟，在拥有 100 名员工的企业中，每天可节约高达 1 000 分钟。以每分钟 3 元的价值计算，这意味着企业每天能节省 3 000 元的成本。这不仅仅是数字上的节省，更是企业资源优化、流程改进和员工技能提升的综合体现。

时效规划并非随意制定，它与企业管理薪酬标准紧密相连。例如，去年每位员工每天工作 400 分钟，薪酬为 300 元。而今年，在同样的工作时间内，薪酬提升至 400 元，这背后的原因是任务数量的增加和难度的提升。员工通过提高自身技能、加快工作节奏，不仅提高了自己的薪酬，更为企业创造了更大的价值。

在这一过程中，管理者的任务不仅仅是分配任务和薪酬，更重要的是搭建一个能够激发员工潜能、促进团队协作、实现个人与企业共同成长的平台。当员工的平均薪酬达到 15 万元，并与企业的战略收入挂钩时，企业收入稳定在 3 亿元，员工薪酬每增加 10%，企业收入就能增加 11%。这种正向的循环机制不仅让员工看到了自己的价值，也让企业获得了持续增长的动力。

二、时效相关的制度

时效相关的制度是企业为确保任务高效完成而制定的一系列管理准则。这些制度主要涉及任务时效标准、时效计算标准、时效考核标准以及时效动态升级标准，旨在提高工作效率、优化企业运营，并确保企业目标的顺利实现。

（一）任务时效标准

任务时效标准是企业管理中的核心要素，它明确了员工在完成任务时应遵循的时间要求和效率标准。

1. 目的

制定任务时效标准的主要目的是确保员工能够按照既定的时间要求高效地完成各项工作任务，从而推动企业管理流程的持续优化。

2. 核心点

（1）任务时效与规划薪酬的统一。任务时效与员工的规划薪酬紧密相连。为确保员工的薪酬与其完成的任务时效相匹配，规划薪酬所对应的每项任务时效设定周期为一年。一年后，企业需要根据员工实际完成的每项任务时效进行重新认定，确保员工的平均薪酬不低于上一年的水平。同时，企业管理者需要为员工提供可达成的、与员工业务能力相匹配的薪酬标准，以激励员工更加积极地投入工作，实现个人与企业利益的共赢。

（2）设定任务时效与各级规划薪酬的执行比例标准。企业按照其架构为每个层级设定相应的提成薪酬规划，这一规划是自上而下进行的，旨在确保高管的提成薪酬能够合理分配给中层管理者，再由中层管理者分配给执行层员工。各级提成薪酬的任务时效与执行层的规划提成薪酬相对应，以确保企业内部的薪酬分配公平合理。

以产品 A 为例，假设其战略收入为 1 200 万元，且任务要求在 40 天内完成。根据任务时效标准，即单项收入除以任务时间，每天的任务收入应为 30 万元。若提成薪酬按 8% 计算，则产品 A 的总提成规划薪酬为 96 万元（1 200 万元×8%）。

当高管将任务分配给王经理和李经理时，根据企业规定，不同层级（高管、中层和执行层）分别承担不同的任务比例和提成薪酬。具体分配如下：

高管分到的提成薪酬为总提成薪酬的 20%，即 19.2 万元（96 万元×20%）。

中层共分到的提成薪酬也为总提成薪酬的 20%，即 19.2 万元（96 万元×20%）。

执行层分到的提成薪酬为总提成薪酬的 60%，即 57.6 万元（96 万元×60%）。

此外，当中层需要高管协助完成销售时，需支付服务薪酬，该服务薪酬为中层提成薪酬的 30%，即 5.76 万元（19.2 万元×30%）。同样，执行层在需要中层协助时，也需支付服务薪酬，该服务薪酬为执行层提成薪酬的 30%。这些比例和标准可参考表 6-6。

表 6-6　任务时效与各级规划薪酬执行比例标准

层级	提成比例	任务时效标准	任务时间	提成薪酬承担比例	服务薪酬承担比例
高层	8%	单项收入÷任务时间	单项收入要求时间	20%	30%
中层	8%			20%	30%
执行层	8%			60%	30%

（3）任务时间的确定标准。企业根据战略规划中的收入项目节点，为每项收入分配具体的任务时间。通常，单项收入的任务时间考核周期为 30 天。在确定任务考核时间时，企业会遵循层级化的标准体系，一般情况下，从整体收入目标达成的角度来看，任务考核的时间周期细化为 1 天，这意味着为了实现整体收入目标，每天都需要完成相应的任务。任务时间

的确定标准如表 6-7 所示。

表 6-7　任务时间的确定标准

收入类型	单项收入时间考核周期	层级	任务时间	标准步骤
产品 A	30 天	高管	1 天	5
		中层		7
		执行层		9
产品 B	30 天	高管	1 天	3
		中层		6
		执行层		10

（4）投资＋提成薪酬原则。投资＋提成薪酬主要面向承担直接任务的一线部门员工，与承担后勤支持等间接任务的部门员工形成岗位区分。

企业采用"过程预支＋结果结算"的薪酬模式，具体分为两个阶段：一是预支投资薪酬，指员工在任务执行过程中，企业按其工作投入（如工时、标准步骤完成量）预先支付的薪酬，相当于企业对员工劳动的"内部采购成本"，也称为内部采购薪酬，未完成任务时仅发放该部分薪酬，完成任务后需从最终提成中扣除；二是最终提成薪酬，指员工完成指定任务后按成果核算的奖励性薪酬，计算公式为"最终提成薪酬＝任务成果对应总金额－已预支投资薪酬"。

为保障公平性，在未形成最终提成前，一线员工不含预支投资部分的基础薪酬水平与间接任务部门员工保持一致，避免内部薪酬失衡。

以执行层 A 员工为例，假设他在第一天完成了 5 个任务标准步骤，耗时 400 分钟。若企业内部采购的薪酬标准为每分钟 0.5 元，那么 A 员工当天的薪酬即为 400 分钟乘以 0.5 元 / 分钟，等于 200 元。若 A 员工在接下来的 9 天内都维持这一工作效率，那么他 9 天的投资薪酬为 200 元乘以 9 天，总计 1 800 元。

当 A 员工在第 10 天完成任务并获得提成薪酬 9 000 元时，企业实际支付给他的提成薪酬须减去前 9 天已支付的投资薪酬，即 9 000 元减去

1 800 元，最终支付给 A 员工的提成薪酬为 7 200 元。

值得注意的是，如果 A 员工一直未能完成企业安排的任务，他将无法获得提成薪酬。但企业已根据标准支付的 1 800 元内部采购薪酬，这部分薪酬既为企业的投资薪酬，也是企业人力资源的潜在损失。为确保薪酬体系的透明度和公平性，企业应制定详细的提成薪酬标准表，如表 6-8 所示。

表 6-8　提成薪酬

任务类型	时效单位	投资薪酬标准	内部采购垫付比率
直接任务	分钟	提成薪酬	100%
间接任务		内部采购	100%

（二）时效计算标准

时效计算标准通常分为直接任务与间接任务两类。对于直接任务，其薪酬主要依据提成薪酬来确定；而间接任务则主要依赖于服务薪酬和内部采购薪酬。规划时效是预先设定的，而实际时效计算标准是基于员工在实际工作中所获得的薪酬与其所花费的时间之比来确定的，可能因各种因素而发生变动。具体计算公式为：

实际时效计算标准 = 实际薪酬金额 ÷ 实际时间

以 A 执行员工为例，他在连续 3 天的工作中实际工作时间和所获得的薪酬如表 6-9 所示。

表 6-9　A 员工的实际工作时间及薪酬

项目	实际工作时间 / 分钟	薪酬 / 元	实际单位薪酬 /（元 / 分钟）
第一天	430	100	0.23
第二天	380	150	0.39
第三天	400	200	0.5

与规划的单位薪酬 0.5 元 / 分钟相比，虽然 A 员工在前两天的实际单位薪酬略低，但第三天的数据已经与规划单位薪酬持平，显示出其任务时

效在逐渐提升。

（三）时效考核标准

时效考核标准的核心在于评估员工每天单位薪酬的增长率，以此衡量其工作效率和进步速度。在长期主义视角下，每个员工都如同企业的"永动机"，他们的持续努力是推动企业实现百年计划的关键。

单位薪酬增长率的计算公式为：

增长率=（今天任务单位薪酬−昨天任务单位薪酬）÷昨天任务单位薪酬

以 A 员工为例，我们可以根据他连续三天的实际薪酬数据来计算其日薪酬增长率。图 6-3 直观地展示了 A 员工日薪酬增长率的变动情况，为企业和员工本人提供了清晰的反馈和指引。

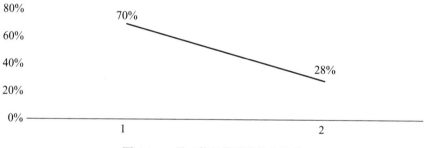

图 6-3 A 员工的日薪酬增长率趋势

（四）时效动态升级标准

时效动态升级标准的核心在于企业平均信用标准，这一标准反映了企业全体员工信用分的平均值。员工的信用分则基于其薪酬综合投资倍数来计算，是实际薪酬与投资薪酬的比率。

以成本部门的 A、B、C、D 四名员工为例，他们在 1—4 月的平均信用分分别为 1.14、1.24、1.01 和 0.98。我们可以看到，B 员工在这四个月中为企业创造的价值最大，其平均信用分最高；D 员工的平均信用分低于

1 分，表明其绩效和价值创造相对较低。具体情况如表 6-10 所示。

表 6-10 时效动态升级标准 单位：元

员工姓名		A	B	C	D	合计
1 月	投资薪酬	8 000	10 000	9 000	7 000	34 000
	实际薪酬	10 000	9 000	7 000	6 000	32 000
	信用分	1.25	0.90	0.78	0.86	0.94
2 月	投资薪酬	8 000	10 000	9 000	7 000	34 000
	实际薪酬	12 000	11 000	10 000	7 500	40 500
	信用分	1.50	1.10	1.11	1.07	1.19
3 月	投资薪酬	8 000	10 000	9 000	7 000	34 000
	实际薪酬	8 600	9 500	9 600	5 000	32 700
	信用分	1.08	0.95	1.07	0.71	0.96
4 月	投资薪酬	8 000	10 000	9 000	7 000	34 000
	实际薪酬	6 000	20 000	9 800	9 000	44 800
	信用分	0.75	2.00	1.09	1.29	1.32
平均信用分		1.14	1.24	1.01	0.98	1.10

　　时效动态升级与企业收入增长率紧密相连。只有当平均信用标准的增长率超过企业收入增长率时，企业才能进行时效动态升级，若平均信用标准增长率低于企业收入增长率，企业则维持原状，不进行升级。

　　通过图 6-4 我们可以直观地看到，第二年信用分增长率是 13%，超过了收入增长率的 12%，因此企业可以进行时效动态升级，提高管理标准。而在第三年，由于信用分增长率低于收入增长率，企业不进行升级，维持原有管理标准不变。按照这一逻辑，第四年若符合条件，企业可以再次进行时效动态升级。

　　当越来越多的企业采用这种时效动态升级标准时，这不仅体现了企业的综合实力，而且有望形成一套类似于国际标准 ISO 9001、ISO 14000 的综合管理标准。这样的标准可以作为品牌、招投标等决策的重要依据，推动企业的持续发展和行业的整体进步。

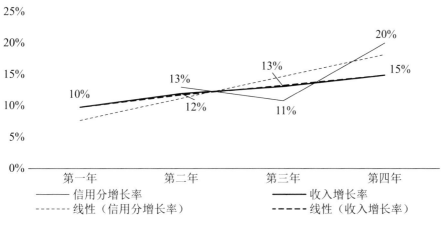

图 6-4　信用分增长率与收入增长率趋势

三、时效相关的流程

时效相关的流程在企业运营中占据着至关重要的地位，主要包括制定流程、统计流程、监督流程、预警流程和突发流程等。

（一）时效制订流程

时效制订流程的核心目标是确保企业能够按照既定的战略和目标稳步前进，有效解决时效执行的问题。该流程以结果为导向，要求管理者严格按照战略部署来制定标准，确保实际执行的标准与预期目标高度一致。通过这一流程，企业可以消除思维上和执行标准上的差异，显著提高时效管理的效率和准确性。时效制订流程的具体步骤如图 6-5 所示，包括决策者批复战略收入金额和种类、管理者制定薪酬占收入的比率、确定直接和间接任务的企业投资薪酬比率、确定现阶段的薪酬种类以及根据薪酬种类确定每项薪酬的计提标准等关键环节。

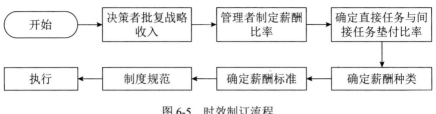

图 6-5 时效制订流程

（二）时效统计流程

时效统计流程是对企业时效数据进行全面收集、整理和分析的过程。具体的时效统计流程如图 6-6 所示，包括监控部门负责收集时效相关数据、对数据进行整理和分析、根据数据分析结果对时效规划进行微调、计算各项考核指标以及将统计结果和分析报告呈报给管理者等关键步骤。这一流程为企业提供了重要的时效管理数据支持，有助于管理者全面了解企业时效管理的实际情况和趋势。

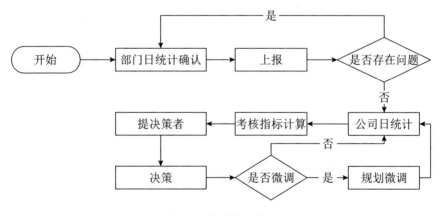

图 6-6 时效统计流程

（三）时效监督流程

时效监督流程是企业管理者对时效执行情况进行严格监督和管理的过程。通过这一流程，管理者可以及时发现并纠正时效管理中的问题，确保

企业目标的实现不受影响。具体的时效监督流程如图 6-7 所示，包括时效
监督规划协调、对时效数据进行实时监控、处理预警事件、根据监控数据
和预警事件的处理情况对时效规划进行调整和优化，以及为管理者提供有
用的信息和图示并给出专业建议等关键步骤。

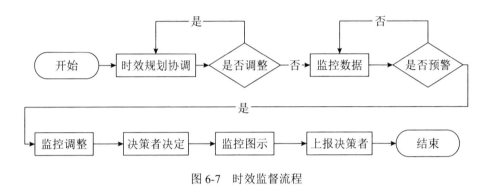

图 6-7　时效监督流程

（四）时效预警流程

时效预警流程是企业为应对内部不可预见事件而设计的一套系统化流
程。它包括提报预警、调研、出具预警方案、上报、处理、修正方案和形
成标准七个核心步骤，具体的时效预警流程如图 6-8 所示。在时效预警流
程中，风险控制点主要体现在预警提报、预警方案、修正方案以及形成标
准等四个方面。通过这一流程，企业可以更加有效地应对内部不可预见事
件，降低潜在风险对企业运营的影响。

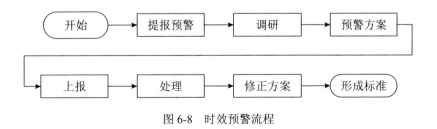

图 6-8　时效预警流程

（五）时效突发流程

时效突发流程是企业为应对外部突发事件而设计的一套快速响应机制。当企业面临外部突发事件时，该流程能够迅速调动资源、协调各方力量，以最大限度地降低突发事件对企业内部时效管理的影响。具体的时效突发流程如图 6-9 所示，其关键风险控制点主要体现在突发事件预判、启动突发方案、处理突发事件以及制订标准等四个方面。通过这一流程，企业可以在面对外部突发事件时迅速做出反应，有效保护企业的时效管理体系不受破坏。

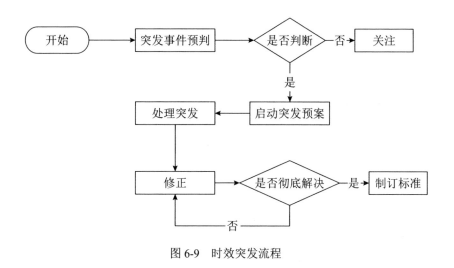

图 6-9　时效突发流程

四、时效优化的标准

随着企业的发展和员工的更迭，企业任务时效标准可能会发生变化，从而导致整个任务链条的时效出现不匹配的情况。为了有效应对这一问题，企业需要建立并不断完善时效评估机制，调整和优化标准。

（一）时效评估标准

时效评估标准是衡量企业员工工作效率的重要指标。通过定期评估时效，企业可以了解员工的工作效率水平，从而了解企业的综合管理水平。例如，2020年全员时效为3元/分钟，而2021年全员时效提升至3.6元/分钟，这表示企业的管理标准有了显著的提升。

评估标准应以管理者既定的规划时效标准为基础。当员工的工作效率提高10%以上时，企业的规划时效标准可以相应提升一级，同时招聘员工的要求也应相应提高。

（二）时效调整标准

时效调整标准是根据企业的实际情况对时效进行动态调整的依据。调整的依据是对各级时效进行深入分析后得出的结论。例如，战略收入要求的规划时效是4元/分钟，而实际时效平均为4.5元/分钟，那么企业可以考虑将规划时效标准调整为4.5元/分钟，以更好地与实际工作情况相匹配。通过这样的调整，企业可以确保时效标准的合理性和有效性。

（三）时效优化标准

时效优化标准是在时效调整后的基础上，经过一段时间的运营后进行的阶段性优化。例如，经过调整后实际时效一直保持在4.5元/分钟，而规划时效仍为4元/分钟，这表明企业整体的战略收入时效在提高。在这种情况下，企业可以考虑进一步优化规划时效标准，将其从4元/分钟提高到5元/分钟，以更好地反映企业的实际运营能力和市场竞争力。通过这样的优化，企业可以不断提升自身的时效管理水平，为企业的长期发展奠定坚实基础。

第七章

▼

用财务思维制定战略

企业战略，作为组织发展的方向和使命的集中体现，对于追求可持续发展的企业而言，具有至关重要的影响。特别是对于那些志在历经百年风雨仍能屹立不倒的企业来说，战略方向的明确选择直接关乎企业未来的命运与发展轨迹。一个清晰、精准的战略规划，能够为企业在复杂多变的市场环境中指明前行的道路，确保企业在追求长期发展目标的过程中保持稳健的步伐与持续的竞争优势。

第一节　明确战略方向：财务思维的引导

一、利用 SWOT 模型明确战略方向

管理者在确定企业战略方向时，需借助 SWOT 模型进行系统性分析。SWOT 分析通过评估企业内部的优势（Strengths）、劣势（Weaknesses）和外部环境的机会（Opportunities）、威胁（Threats），帮助管理者全面把握企业定位，明确战略方向。

首先要聚焦企业内部，剖析企业的优势与劣势。深入挖掘企业的核心竞争力，审视企业存在的不足与短板。其次，要识别外部环境中的机会与威胁。这需要密切关注市场趋势的演变，深入分析竞争对手的战略布局、市场份额、产品特点以及竞争优势，时刻留意政策法规的调整与变化。借助 SWOT 分析，企业能够明确自身在市场中的定位以及未来的发展方向。

在制定企业战略时，管理者必须具备并灵活运用财务思维，确保战略目标的实现与企业的财务绩效紧密挂钩，为战略决策提供坚实有力的支持。战略并非抽象的概念，而是可以量化的。这种量化过程以财务指标为

核心，例如现金净流量、投资回报率、投资回报周期以及内部收益率等。战略的量化逻辑与财务管理中的项目测算紧密相连。通过将战略目标转化为具体的财务指标，管理者能够直观地了解战略目标的实现进度与效果，清晰洞察企业在实现这些目标过程中所需的资源投入与成本支出。

通过量化战略，管理者可以评估企业在不同战略方案下的资金状况、投资效益、投资回报的时间成本以及内部收益率等关键指标。这将为管理者提供有力的决策依据，有助于制定更加明智、可行的战略方案。

在明确战略方向的过程中，对机会的预判和选择至关重要。管理者需要全面考量全球经济、中国经济和政治环境以及行业发展态势等因素，以判断哪些行业领域具有潜在的发展机会。

为了准确预判机会，管理者需要关注全球经济和政治环境的变化，了解行业发展趋势和市场需求变化，同时还需要深入分析竞争对手的战略布局和市场表现。通过综合考量这些因素，管理者可以更加准确地判断哪些机会适合企业发展，并据此制定相应的战略方案。

二、机会与战略方向的确定

在综合考虑以上因素后，管理者需要确定企业的战略方向，这一过程包括选择进入的行业、确定主营业务、制定发展目标等。

在选择行业时，管理者需要评估不同行业的市场容量、增长潜力、竞争格局等因素。同时，还需要考虑企业自身的资源和能力与目标行业的契合度，这是决定能否成功切入该行业的关键。通过这一综合考量，企业能锁定最适合自身发展的行业领域。

在确定主营业务时，管理者需要分析企业自身的优势和劣势，并据此选择具有竞争力的业务方向，同时还要考虑市场需求和竞争态势等因素，以确保主营业务能够持续发展。

在制定发展目标时，管理者需要根据企业的实际情况和市场环境来制定具体、可衡量的发展目标。这些目标应该具有挑战性和可实现性，能够激励企业不断前进。

例如，A 企业管理者决定进入人工智能领域，经过对上市企业的深入研究，发现科大讯飞是该领域的标杆企业。因此，A 企业请专业人员对科大讯飞进行了战略收入构成的分析。分析结果显示，科大讯飞的信息工程业务收入呈现出强劲的增长势头，增长幅度显著。而教育产品和服务以及开放平台项目的收入却在迅速下滑，其中教育产品和服务的收入下滑速度尤为明显。

基于这一分析结果，A 企业管理者认为，在选择人工智能发展方向时，应重点考虑信息工程领域。这一领域展现出了良好的发展前景和巨大的增长潜力。因此，A 企业应把握这一机遇，将信息工程领域作为主营业务发展方向，集中资源、加大投入，专注于该领域的业务拓展和技术创新，以在人工智能市场中占据一席之地。

三、威胁与敏感性分析

在复杂多变的市场环境中，企业时刻面临着来自四面八方的威胁。这些威胁既包含企业能够在一定程度上施加影响、采取措施应对的可控因素，也涵盖企业难以掌控、只能被动适应的不可控因素。这就要求企业管理者具备高度的敏感性与强大的应变能力，才能确保企业在惊涛骇浪中稳健前行。

（一）可控威胁：政策风险

政策风险作为企业经营中的常见威胁，虽不可直接改变，但可通过密切关注政策动态、建立预警机制及灵活调整战略来有效应对，从而降低风险影响。

（二）不可控威胁：疫情、自然灾害和经济下行

面对疫情、自然灾害及经济下行等不可控威胁，企业需建立应急预案、加强风险管理，并提升自身的灵活性与韧性，以快速响应市场变化，尽可能减轻潜在损失。

（三）敏感性：对经济和政治的敏感度

除了积极应对各类威胁外，管理者还需具备敏锐的经济与政治洞察力。通过密切关注国内外经济动态、加强与政府及行业的沟通合作，以及培养团队的分析能力，企业能更准确地预测市场变化与政策调整，从而提前布局，抢占先机。

四、优势与经验和资源的整合

在评估企业及团队的优势时，管理者应从经验、经历、专业、擅长及资源等多维度进行全面且深入的考量，进而实现优势互补、资源优化配置。

（一）经验的优势

经验是企业的宝贵财富，丰富的经验能使企业在面对复杂多变的市场环境时，迅速做出反应，少走弯路，降低决策风险。然而，经验也可能成为创新的束缚。因此，管理者必须保持开放、创新的思维模式，将经验转化为推动企业持续进步的正向力量，避免陷入经验主义的误区。

（二）资源的整合

资源是企业战略实施的重要支撑，管理者在资源整合过程中需审慎、

理性地对各类资源进行全面、细致的成本与收益评估。只有实现资源的优化整合与高效配置，才能为企业的发展提供坚实有力的支持。

（三）专业与擅长的发挥

企业和团队在长期发展过程中所积累的专业能力与擅长领域，是其区别于竞争对手、形成竞争优势的重要组成部分。管理者应充分认识到专业与擅长领域的重要性，积极采取有效措施，将这些潜在优势转化为实际的业务成果。

五、劣势与直面挑战和不足

在评估企业或团队竞争力时，其存在的劣势与不足同样不可忽视。这些问题若未能及时识别和解决，可能会成为阻碍企业或团队持续发展的障碍。

（一）提升竞争力

针对竞争力不足的问题，企业或团队需持续创新、优化产品和服务、提高运营效率，以提升市场份额与客户满意度。

（二）强化文化执行

企业文化是影响员工行为与价值观的关键因素。为确保文化执行到位，企业或团队需明确文化核心价值观、加强文化培训与传播，并建立文化激励机制。

（三）管理员工情绪

员工情绪化可能影响工作效率与团队合作。管理者需关注员工心理状态，提供必要的心理辅导与支持，并建立积极向上的工作氛围，以减少员工情绪化对工作的影响。

（四）应对工作懈怠

为激发员工的工作积极性，管理者需建立激励机制，提供职业发展机会，鼓励员工参与决策，并关注员工工作环境与条件，确保舒适度与安全性。通过营造一个积极、健康、和谐的工作环境，让员工能够全身心地投入到工作中，推动企业的持续发展。

第二节　绘制战略导航仪：财务思维的体现

企业在追求持续发展的过程中，构建一个明确的战略导航仪是至关重要的。企业战略导航仪的核心功能在于为企业提供精准的定位和路径选择。管理者可以在系统中输入目标、资源、风险等数据，系统则依据预设的算法和模型，为管理者呈现多种可选路径。这些路径不仅充分考虑了企业的当前状况，还深度预测了未来的市场变化、竞争态势等关键因素。

一、企业路线的规划与实施

企业路线规划，即在企业战略导航框架下，全面考量并有效规避内控预警风险与外部突发风险，为企业发展绘制清晰航线。

（一）企业启程前的筹备

在企业踏上发展之旅之前，必须做好充分的准备工作。这包括明确发展方向、设计商业模式、规划资金流、塑造企业文化、构建员工画像、确立匹配原则、制定公正的治理机制、梳理制度与流程，以及编写岗位说明书等多个方面。这些准备工作共同构成了企业的运营宝典，为企业的顺利起航奠定了坚实基础。

（二）企业运行过程中的风险预警

在运行过程中，企业需根据运营宝典建立完善的预警系统，以实时监控和评估运营状况。这套预警机制类似于导航软件为驾驶者提供的实时交通状况提示。然而，企业面临着更多的不确定性和复杂性。因此，建立一套管理指标导航系统至关重要。这一系统能够将抽象的发展路径转化为直观可视的指标体系，并根据实时数据为企业提供预警信息。在遭遇突发事件或面临内控预警时，这套系统能够迅速帮助管理者做出决策，及时调整路线或进行企业整修。

（三）企业运行中的调整与间歇

在企业的运行过程中，管理者需根据可视化规划的实际达成情况进行日常的局部调整。这些调整可能导致企业的匹配状态发生改变，因此需要一定的时间来适应这些变化，这个阶段即为企业运行中的间歇期。管理者需学会在运行中适应这些间歇期，以确保企业能够顺利到达目的地。

（四）企业运行中的偏航风险

在企业的发展过程中，管理者难免会受到来自外部和内部的各种干扰，导致企业偏离原定的路线。常见的干扰因素包括外部专家的评估意见、员工招聘困难以及投入未达预期等。面对偏航风险，管理者需基于可视化的客观评估结果做出决策，避免受非量化因素的影响。

（五）企业运行中的资源匹配

企业运行中，资源匹配是一个持续的动态过程。企业如同一辆运行的汽车，车上的乘客（员工）与车辆配置（资源）需根据实际情况进行灵活调整。当企业面临特定挑战或机遇时，可能需要更换更适合的"车辆"或调整"乘客配置"。管理者需密切关注市场变化和企业发展需求，合理调配资源，实现企业资源的最优配置。

（六）企业运行中的绩效评估

在企业的运行过程中，管理者需对企业的内控水平进行评估，以确保其与战略发展保持一致。通过计算离散系数来衡量战略发展与内控管理之间的差异。若差异较大，管理者可能需对企业的发展路线进行微调；若差异较小，则可继续按照当前路线前进。

（七）企业运行中的时间管理

时间是企业运行中的宝贵资源。若同行业企业在 5 年内达到上市标准，而本企业在 8 年内仍在为销售而苦恼，则说明该企业在时间管理上存在问题。缺乏核心竞争力的企业往往会发现销售是其发展的主要障碍。

（八）企业运行中的策略调整

当企业面临外部突发事件时，管理者需迅速作出决断，调整战略方针。例如，当国家政策方针发生巨大变革时，管理者需评估这些变革是否会对企业战略方向产生负面影响，并及时调整战略以应对潜在障碍。

二、企业达成工具

企业达成工具是企业在战略发展进程中不可或缺的可视化工具，其作

142 · 管理者都要学的财务思维课

用如同导航仪，为企业发展指引方向。

（一）趋势展示：预见未来的窗口

企业达成类型的选择，需紧密结合自身发展路线与资源配置条件。在企业不同的发展周期内，所需的达成类型也存在差异。管理者可基于企业自身发展逻辑，模拟绘制百年发展趋势预测图，以便直观地呈现企业的发展路线。

（二）细项评估：确保战略落地的关键

在对企业发展趋势图进行实时评估时，细项达成情况的监测尤为重要。细项达成率高，意味着企业净现值（NPV）和企业估值目标更具可实现性。评估可通过划分一级到三级指标，进行系统化、精细化分析。如表 7-1 所示，通过对比各利润中心的规划数据与实际数据，能够清晰展现两者间的差异及差异率，有助于企业及时发现运营过程中的问题，并快速制定解决方案，保障战略规划有效落地。

表 7-1　产品净利润中心

科目号	项目	规划 / 万元	实际 / 万元	差异 / 万元	差异率
6001	净利润	20 000	19 000	1 000	5%
600101	员工利润中心	4 000	3 840	160	4%
60010101	高管利润中心	800	768	32	4%
600102	产品利润中心	16 000	15 520	480	3%
60010201	A 产品利润中心	4 800	4 512	288	6%

（三）匹配评估：人与战略的完美融合

在战略方向不变的前提下，企业达成的匹配评估关注的是如何匹配员工，以推动企业战略发展。如图 7-1 所示，企业在不同发展阶段对员工薪酬的垫资情况是不同的。

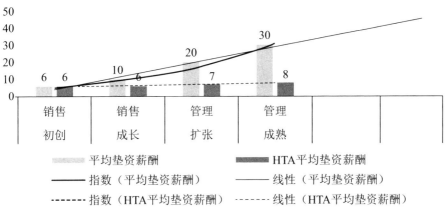

图 7-1 企业发展阶段垫资薪酬区别

随着企业的发展，管理成本和沟通成本会逐步上升。因此，企业管理者需要始终采用财务思维方式来管理员工，以确保企业的长期稳定和持续发展。通过图表展示可以发现，这种管理方式可以激发员工的竞争意识和思维进化，使每个员工都具有进步的意识，从而使企业保持持续发展的动力。

同时，如图 7-2 所示，通过对典型员工的投资回报倍数进行分析，企业可以更加精准地评估人力资源的投入产出效果，为未来的战略调整提供有力支持。

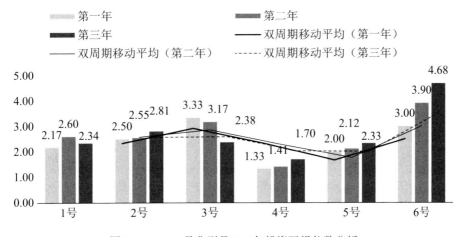

图 7-2 1～6 号典型员工三年投资回报倍数分析

第三节　用商业逻辑解读战略：财务思维的融入

　　商业逻辑，作为连接企业商业模型、盈利模式与战略规划的桥梁，其核心价值在于确保企业运营符合社会及行业的商业规律。在这一框架下，深入剖析行业特性、审慎选择并高效实施商业模式，是企业战略制定的关键。

一、行业水平

　　社会商业体系细分为多个行业，每个行业都有其独特的指标体系。这些指标能够直观反映行业的整体表现水平。对于管理者而言，在进入某个行业前，深入的市场调研是不可或缺的。

（一）行业净利率

　　在选择行业时，企业管理者需要根据自己的预期和优势来做出决策。例如，管理者的专长在于制造业，但他预期的净利率是 20%，而制造业的净利率通常只有 5% ~ 10%，那么他需要谨慎考虑是否进入这个行业。

（二）市场份额与竞争态势

　　市场份额直接决定了企业的发展空间。管理者需分析行业市场份额，区分新赛道与传统赛道。传统赛道（红海）虽市场份额大，但竞争激烈；新兴赛道（蓝海）虽需投入教育与时间成本，但潜力巨大。运用财务思维对不同赛道的盈利潜力与风险进行评估，能够帮助企业做出更具前瞻性的决策。

（三）投资回报率

投资回报率是衡量行业吸引力的重要指标。管理者需细致评估，确保投入产出比符合投资人预期。企业价值在于其投资回报能力，而同一行业内不同企业的投资回报率亦可能有显著差异。

1. 投资人预期

投资人的投资回报预期是决定是否投资企业的关键因素。投资回报率应由投资人来确定，管理者则负责全面管理和执行。对于初创企业来说，投资人和管理者可能是同一人。在这种情况下，管理者在做出决策时仍需要遵循商业逻辑，确保企业价值的最大化。

2. 实际回报评估

管理者需要科学评估企业能实现的投资回报率。这种评估可以通过运用财务思维逻辑和分析工具来进行，例如对未来项目进行财务预测和数据模型演示。通过这些分析，管理者可以更好地了解企业的投资回报潜力，从而做出更明智的决策。

二、商业模式的选择

商业模式是企业实际运营的核心。即使战略方向正确，如果商业模式选择失误，也可能给企业带来损失。按照财务思维逻辑确定商业模式主要关注以下三个方面。

（一）收入结构的模式

企业收入结构的合理性，取决于对目标客户需求的精准把握，以及围绕客户需求进行的产品销售资源投入。企业应着重提升畅销且高净利润产品的销售占比，并通过对产品净利率进行趋势预测，动态调整产品组合，持续优化收入结构，从而为企业创造更大价值。

（二）净利润的结构比

管理者需要分析财务数据，识别企业连续亏损的根源，并据此调整净利润结构，确保企业实现盈利。在调整过程中，需将企业财务规划拆解为具体、可执行的任务，并融入员工日常工作流程，同时与同行业企业进行对标分析，借鉴优秀经验，保障商业模式的有效落地与持续优化。

（三）税务筹划

税务筹划是商业模式设计的重要组成部分，需在遵守税法规定的前提下，结合业务模型制定筹划策略。

1. 业务模型设计环节

在业务模型设计环节，应尽量简化业务流程，减少不必要的中间环节。因为每增加一个业务环节，都可能引入不同的税种和税率，增加企业税负的不确定性。简化业务模型有助于企业更清晰地把握税务情况，更高效地开展税务筹划与管理工作。

2. 业务模型涉及的税种

税务筹划需充分考虑业务模型涉及的各类税种。不同的业务活动可能涉及不同的税种，如增值税、企业所得税、个人所得税等。企业需要根据自身的业务特点和税法规定，选择合适的税种和税率进行筹划。例如，在办公大楼的选择上，租赁和购买两种方式所涉及的税种和税率是不同的，企业需要根据自身的财务状况和税务策略来做出决策。

需要注意的是，税务筹划是业务模型的附属价值。企业在进行税务筹划时，不能脱离业务模型的实际情况，而应当将其与业务模型相结合，实现税务筹划和业务模型的协同优化。

3. 业务环节收款方式

收款方式不仅影响企业的现金流，还直接关系到税务筹划和税款收缴时间成本。从税务筹划的角度来看，不同的收款方式可能导致企业应缴纳的税款金额和时间点发生变化。

首先，我们来了解一下预收款制和应收款制的区别。预收款制是指企业在提供服务或销售商品之前就收到款项，而应收款制是企业在提供服务或销售商品之后才收到款项。在预收款制下，企业可以提前收到资金，这也可能意味着企业需要提前缴纳税款。而在应收款制下，企业可以在收到款项后再缴纳税款，这有助于缓解企业的现金流压力。

例如，某企业实现销售收入 2 000 万元，但实际只收到 1 500 万元。如果该企业采用应收款制，它可以在收到 1 500 万元后再缴纳相应的税款。然而，如果该企业采用预收制，即使它只收到 1 500 万元，也必须按照 2 000 万元的基数缴纳增值税。在这个例子中，企业需要垫付未到账的 500 万元对应的增值税，即 85 万元。这对企业现金流构成了不小的压力。

三、商业模式的确定与实施

商业模式的选择确实是企业战略制定中不可或缺的一环。它要求企业根据自身的业务逻辑和财务思维，制定出一套能够最大化收益和现金流，同时最小化风险的运营模式。

首先，通过财务思维的量化分析，企业可以更清晰地看到不同商业模式下的收益和现金流状况，从而选择出最符合自身发展需求的模式。这不仅有助于企业提高盈利能力，还能确保企业拥有稳定的现金流支持，为企业的可持续发展奠定坚实基础。

其次，在商业模式设计中，企业需要特别关注隐藏风险。这些风险可能来自市场环境、竞争对手、政策法规等多个方面，因此企业需要建立一套完善的风险评估机制，及时发现并应对潜在风险。通过精心设计的商业模式，企业可以确保在面对风险时能够迅速调整策略，将风险降到最低。

最后，我们需要注意，商业模式并不是一成不变的。随着市场环境的变化和企业自身的发展，商业模式也需要不断进行优化和调整。因此，企业在选择商业模式时，需要考虑到其可持续性和适应性，确保它能够跟随企业至少 10 年的时间，为企业的长期发展提供有力支持。

第四节　财务思维下的战略达成：实践与优化

在企业决策与战略执行过程中，财务思维的数字化运用是确保战略有效落地的核心要素。数据作为决策依据，需建立在稳固的底层逻辑之上，方能为企业发展提供精准指引。

一、战略达成的前提条件

企业战略成功实施的基础，在于底层经济逻辑的合理性与测算模型的科学性，二者相辅相成，缺一不可。

（一）底层经济逻辑

每家企业的底层经济逻辑都是独一无二的，它深刻反映了企业的内部运作机制、行业特性以及管理者的决策风格。当企业管理者展现出正直与简约的特质时，他们往往能够吸引具有同样特质的员工，共同塑造积极向上的企业文化。这种文化能够显著提升工作氛围，提高工作效率，并增强团队的凝聚力。从本质上讲，企业文化与团队凝聚力是企业底层经济逻辑的重要组成部分，对战略落地起到潜移默化的推动作用。

（二）测算模型

测算模型是企业底层经济逻辑的具体化表达。它通过对企业数据间的内在联系进行深入分析，为管理者提供准确的未来发展趋势预测。在构建测算模型时，管理者必须确保模型能够真实反映企业的实际情况，以便为战略决策提供有力支持。

二、战略达成的数据支撑

战略达成的数据支撑需要紧密结合企业信用评级，确保数据的可靠性达到 90% 以上。这些数据之间应相互印证，以确保其准确性和可信度。战略达成数据的特点主要有以下几个方面。

（一）以收入为基础

企业战略量化的核心指标是收入。收入增长率不仅是企业发展的关键指标，也是企业现金流的重要来源。企业的所有支出都是为了实现收入的增长。因此，企业的所有成本费用和资产采购都需要与收入进行关联分析。

（二）数据与业务关系的一致性

数据是业务活动的量化体现，而业务则是实现目标的途径。这些途径需要财务数据作为支撑。例如，企业为了完成产品销售，需要采购原材料进行加工。这些业务活动最终都会转化为企业的财务支出。因此，数据与业务之间的关系必须始终保持一致。

（三）充分考虑时间成本

在企业决策过程中，必须充分考虑时间成本，即资金的时间价值。由于不同时间点的资金具有不同价值，企业在进行资产投入、投资决策时，需运用折现率等工具，将未来收益折算为当前价值，从而更准确地评估投资项目的可行性和回报率。例如，在评估长期投资项目时，通过净现值

（NPV）、内部收益率（IRR）等指标，综合考虑资金的时间成本和风险因素，避免因忽视时间价值而做出错误决策。

三、战略达成规划

战略达成规划是企业发展的核心蓝图，如同神经网络维系生命活力般串联起企业各环节的运营与发展，对实现企业战略目标起着关键支撑作用。

（一）规划过程

战略达成规划需以精准的战略测算数据为基石，对各项数据进行细致设定与分析。例如，深入剖析企业总收入构成，明确不同产品的收入贡献及平均收益水平，进而科学预测企业整体收入预期。同时，综合考量成本率、费用率等关键财务指标，确保规划具备合理性与可行性。在规划实施层面，需依据业务特性与任务类型进行系统性细分，将整体规划拆解为直接任务与间接任务，并精准分配至各部门与员工。

（二）规划薪酬

为充分激发员工的工作动力与创造力，需将个人任务目标与薪酬体系深度挂钩。通过构建以任务为导向的薪酬规划机制，让员工清晰认识到自身工作成果与薪酬回报的直接关联，从而强化其责任意识与工作积极性。在此过程中，管理者能够更精准地评估员工能力，识别高潜力人才，实现合理用人。

此外，基于薪酬与任务的联动，可进一步建立动态激励机制。例如，针对超额完成任务的员工给予绩效奖金、晋升机会等奖励；对未达标的员工进行针对性辅导与改进。这种机制不仅有助于员工个人成长与职业发展，还能形成良性竞争氛围，在成就员工的同时，为企业持续发展注入强劲动力，推动企业战略目标的最终实现。

第八章

▼

财务思维下的数字化谈判

财务思维的数字化为企业管理者在谈判中设定底线提供了科学依据。管理者可以从短期收益和长期收益两个方面进行研判,如果企业在这两个方面都无法获得明显收益,管理者应该立即终止谈判,重新寻找更加匹配的客户。

第一节　商务条款的数字化方案是谈判筹码

商务谈判,作为企业间价值确认与博弈的复杂过程,其核心在于确保客户认同企业价值并愿意支付合理对价,同时规避合同履行中的价值曲解风险。这不仅是企业管理者面临的常态挑战,也是企业持续发展的关键所在。

一、谈判的规划方案

(一)新松机器人商务谈判案例分析

新松机器人的案例为我们揭示了商务谈判与合同管理中的诸多问题。上市企业,作为资本市场的佼佼者,其合同管理的严谨性与商务谈判的规范性不仅是防范法律风险的重要防线,更是维护企业经济利益的保障。然而,新松机器人部分合同毛利率低于零的现象(见表8-1),无疑暴露了其在合同管理与商务谈判能力上的不足。

表8-1　合同中毛利率低于零的部分

项目名称	客户名称	收入/万元	毛利率	损失金额/万元
原材料自动化立体仓库	客户17	2 585.62	-3.41%	-88.17
自动化产品线升级项目	客户23	1 257.27	-3.40%	-42.75
总装样板工程自动化升级改造	客户19	1 699.00	-3.21%	-54.54

毛利率低于零，虽不是必然导致企业亏损，但长期存在将严重影响企业的盈利能力。新松机器人所提及的减值原因，涉及外部经济环境影响与内部技术难度、客户需求等多重因素。然而，作为企业管理者，应深刻反思并寻求改进之道。

（二）谈判规划中的财务思维

新松机器人突破困局的关键，在于运用财务思维明确商务洽谈的规划条件。从主营业务——机器人履约交付出发，企业应精选客户，从以下两个维度进行规划。

1. 企业整体发展维度

对于上市企业而言，最关键的指标无疑是 ROE。这个核心指标直接决定了股东回报率水平，净利润的增长自然也会带动股东回报率的提升。面对持续扩大的亏损，企业必须将视线投向未来，设定盈利目标，而盈利的关键在于净利率。为此，建议设立合同净利润中心核算机制，确保每份合同都能为企业贡献净利润。采取"以终为始"的规划方法，要求所有新签合同净利润率不低于2%。

2. 企业经营管理维度

（1）合同净利润中的挑战与策略。要求合同净利润率不低于2%，不仅是对财务的考验，更是对企业整体经营管理能力的挑战。企业可能面临技术水平不达标、优质客户合作困难等问题。针对这些问题，企业需制定针对性策略，确保合同盈利，保障企业长期发展。

（2）技术水平的挑战与策略。对于技术水平不达标的问题，传统的处理方式往往是通过召开会议、施加压力等方式推动核心技术员工加快研发进度。这种方式不仅效果有限，还可能引发员工的反感，导致恶性循环。

管理者需要跳出这一模式，从员工的实际需求出发，制定个性化的激励策略。首先，要明确核心技术员工的画像，了解他们的职业发展规划和需求。其次，企业需要明确技术发展的方向和目标，制定短期和长期的技术发展规划：短期内，基于现有技术的局限，明确合同履约交付标准，确保企业在与客户合作中占据主导地位；长期来看，积极储备和培养与时俱进的高端技术人才，打破技术壁垒。

（3）优质客户长期合作的挑战与策略。与优质客户合作，企业可能会面临为了维持合作而承担过高成本的问题。这种违背商业逻辑的行为不仅会导致企业亏损加大，还可能降低股东的回报率。

因此，管理者需要按照商业逻辑的标准来确定优质客户的画像。优质客户不仅应该符合企业的发展战略要求，还应该能够为企业带来稳定的收益和长远的合作机会。在确定优质客户画像后，企业销售部必须严格执行销售合同管理要求，确保与优质客户的合作始终保持在正确的轨道上。

企业还需要建立与优质客户的沟通机制，及时了解他们的需求和反馈，不断优化产品和服务，提升客户满意度。通过加强与优质客户的合作，企业不仅可以提高合同净利润率，还可以为自身的长期发展积累宝贵的资源和经验。

二、谈判双方的精准匹配

在商务活动中，谈判双方的匹配至关重要。为了确保合同管理的有效执行，必须确保谈判条件、员工、制度和流程之间的协调配合，并辅以合理的监督环节。新松机器人企业在2021年财务年报中表现出了一定的竞争优势，收入增长率有所提升。然而，由于技术水平和优质客户之间的匹配度较低，企业在合同履约交付方面存在漏洞。

为了解决以上问题，管理者在谈判过程中需要精心预设商务条款和具体谈判条件。这包括建立合同净利润核算标准、确定合同净利率、明确客户画像、制定符合企业技术水平的合同条款等。当客户提出不合理要求时，企业应基于事实予以回绝，并在签订合同前进行全面评估。同时形成标准化的合同条款，以体现企业的技术价值和服务价值。

在谈判过程中，管理者还需要制定企业的商务标准，以筛选出符合条件的客户。对于暂不符合条件的客户，企业可以采取储备策略。为了提高销售效果，管理者应要求销售负责人严格执行企业的客户画像推广策略，确保销售人员能够找到符合企业技术水平和材料受限要求的客户。

管理者需为销售负责人提供应对谈判问题的支持方案。当遭遇无理客户或发现合同存在重大损失风险时，销售负责人应果断采取措施，及时披露风险并终止合同。此外，企业可依据规范的客户画像开展营销推广活动，通过为客户提供优质服务，树立良好品牌口碑，吸引更多 A 类优质客户重新建立合作关系，从而提升企业整体竞争力与合同履约质量。

三、预设谈判的条件

谈判的条件是企业合同底线条款的关键所在。为了确保企业的法律风险得到有效规避，这些条款应由法务部门结合企业实际需求进行修订。在谈判过程中，企业应确保相关核心员工，尤其是技术部门员工充分了解这些条款，以便在合同履约交付过程中准确执行条款内容。

顺畅的合同履约交付不仅能保障企业信誉，还能为技术部门带来实践反馈，激发研发灵感，推动技术迭代升级。随着企业技术水平的提升，其在合同签订时的交付标准也将更广泛地被客户认知与认可。当客户在合同履约过程中对技术水平提出更高要求时，这既是企业面临的挑战，也是实现突破的机遇。更高的要求意味着客户对企业信任度的提升与合作期望的增强，为企业开拓市场、深化合作创造了更大空间。

企业应将技术壁垒逐步转化为技术优势，以此提升核心竞争力。这一过程能够增强核心技术员工的创新积极性与职业成就感，形成正向激励循环，进而推动企业整体运营效率的提升。以新松机器人企业为例，通过积极解决现存问题、持续优化内部管理与技术实力，不仅能够提高投资回报率，增强股东信任，还能为企业股价提升与长期可持续发展奠定坚实基础。

第二节　商务条款的多样解决方案是胜出的关键

一、商务条款是战略达成的重要环节

商务条款是商业运营的核心要素，作为企业合作的法律依据与价值交换的契约载体，其构建与执行直接关系到企业战略目标的实现。合理且严谨的商务条款能够确保企业运营符合商业逻辑，有效支撑战略落地；反之，条款设计疏漏或执行不到位，将对企业整体运营与战略推进产生严重负面影响。

以新松机器人企业为例，通过对比 2021 年与 2020 年的销售成本率，我们不难发现该企业面临着严峻的成本挑战，尤其是自动化产品线的销售成本率过高，直接侵蚀了企业的净利润。这一案例生动诠释了商务条款的制定与执行对于企业战略目标实现的重要性。

因此，企业在构建和执行商务条款时，必须确保合同条款与实际执行之间的高度一致性。一旦发现潜在的问题或漏洞，应立即采取行动予以纠正，以确保企业战略规划中的净利率目标能够得以实现。这不仅要求企业具备敏锐的商业洞察力和战略远见，更需强化细节管理和执行力度，将商务条款的约束性和灵活性有机结合。

二、坚守合同底线条款

商务条款不仅是企业与客户之间的法律约定，更是企业维护自身权益和进行风险控制的关键环节。企业的风险防控能力在很大程度上取决于其综合管理能力和市场竞争力。当企业产品具有独特性和高价值时，客户往往更愿意接受企业的商务条件。然而，在激烈的市场竞争中，客户可能会提出更为苛刻的商务要求和优惠条款。此时，如果企业决策层缺乏明确的策略指导，很容易在追求订单的过程中妥协于风险底线，从而给企业带来不可估量的损失。

为了避免这一情况的发生，企业需要坚守合同底线条款，并注意以下几点：

（1）战略与治理的高度协同。企业应确保战略指挥系统与治理机制之间的高度一致性，以便在面对风险时能够迅速作出反应。

（2）文化与意识的统一。员工的文化意识应与企业文化保持高度一致，以确保企业在发展过程中始终沿着正确的方向前进。

（3）将监督嵌入业务流程。将监督方法融入业务制度流程中，以确保员工行为符合企业规范和要求，从而维护企业的稳定和发展。

（4）明确的任务与目标。企业应为员工分配清晰、标准化的任务，并确保这些任务与员工的能力相匹配，以提高工作效率。

三、合同签订的原则和策略

合同签订是企业战略、业务能力和财务管理的交汇点。面对企业动态发展的现实情况，如何确保合同签订与企业整体战略保持一致并避免潜在风险，成为企业管理者面临的重要挑战。

（一）梳理取舍原则

（1）战略协同。管理者在制定合同签订原则时，必须确保其与企业的整体战略相协同。这意味着，即使某个业务部门发展迅猛，也不能忽视其他部门的能力匹配问题。

（2）财务思维。在合同签订前，企业应运用财务管理工具来评估潜在风险。例如，通过设定毛利率标准（如 10% 以上），企业可以筛选出那些真正有利可图的合同。

（3）利润中心模型。企业应建立以合同签订为核心的财务管理模型，确保每一份合同都能为企业带来稳定的利润。当模拟结果显示合同未能达到预设标准时，企业应考虑放弃或重新谈判。

（二）拟订合同签订预案

（1）预判与准备。管理者应认识到实际操作中总会存在偏差。因此，提前制定多种执行方案至关重要。

（2）明确客户需求。以新松机器人企业为例，当客户需求与技术部门定义存在差异时，企业可以通过事先明确技术标准和将任务书作为合同附件的方式来减少误解和纠纷。

（3）应对新增需求。对于客户在合同执行过程中提出的新增需求，企业应在商务条款中明确规定需要重新定义并由客户支付额外费用，以确保企业的利益不受损害。

（4）技术评估。在签订合同前，企业应对技术部门的实际能力进行客观评估。如果技术部门难以达成合同要求，企业应考虑与客户沟通调整合同条款或寻求外部支持。

第三节 谈判中的思维技巧

企业在谈判过程中需要运用高超的思维技巧，并以高维度的财务思维与对方进行数字化谈判。所谓高维度财务思维，是指企业能够从财务数据、成本收益、风险评估等多维度进行系统性思考，以专业、理性的分析赢得对方信任与尊重，实现谈判目标。

一、明确企业在行业中的地位

谈判如同武林高手的对决，既要知己，也要知彼。了解自己，首当其冲的就是要明晰企业在行业中的位置。无论是上市企业还是非上市企业，我们都可以利用现有的工具和渠道来获取这一信息。谈判方案设定的具体步骤如下。

（一）确定对标企业

企业需要筛选出一个对标企业作为竞争、学习和共同进步的目标。通过深入了解对标企业的发展策略、市场布局和业务模式，为自身谈判策略的制定提供重要参考依据。

（二）参考对标企业的发展轨迹

对标企业的发展历程蕴含着宝贵的经验与教训。分析其发展方向、关键节点的决策以及取得的成果，企业能够从中总结出适合自身发展的经验，同时规避可能出现的风险。

（三）了解对标企业的客户画像

满足客户需求是谈判的核心目标。通过研究对标企业的客户画像，包括客户群体特征、需求偏好、痛点问题等，企业能够更精准地把握目标客户的期望，优化谈判策略。同时，剖析对标企业的客户选择标准、客户关系维护方式以及为客户创造价值的路径，有助于企业完善自身业务发展模式，提升客户服务能力，从而在谈判中占据主动地位。

（四）学习对标企业的管理理念

对标企业先进的管理理念和方法，是企业提升自身竞争力的重要资源。研究其财务指标管理标准、管理者决策逻辑与流程，能够帮助企业发现自身管理体系的不足，进而优化决策机制，提高运营效率。将这些管理经验融入谈判准备和执行过程中，可增强企业在谈判中的专业性和说服力。

二、了解竞争对手的实力

竞争对手，对每个企业而言，都是一把双刃剑。正确地认知并利用竞争对手，能助力企业迅速崛起；反之，若对竞争对手缺乏深入了解与有效应对，则可能导致企业的市场被侵蚀，发展受到严重阻碍。因此，深入洞悉竞争对手的实力，对企业的发展具有举足轻重的意义。

了解竞争对手，要求企业全方位、多角度地审视自身的战略定位。这不仅是为了巩固企业在市场竞争中的优势地位，更是为了敏锐地察觉潜在的风险与机遇。通过深入剖析竞争对手的产品、服务、市场策略、技术实力等各个层面，企业能更准确地认识自身的长处与短处，从而制定出更为精确的战略规划。

了解竞争对手也是提升企业内在竞争力的重要路径。通过对比和分析竞争对手的成功案例与失败教训，企业能发现自身的不足之处与提升空间，进而激发员工的积极性与创新精神。这种内在竞争力的增强，不仅能使企业在当前市场中崭露头角，更为企业的长远发展奠定坚实的基础。

商业世界遵循"物竞天择，适者生存"的法则。在激烈的市场竞争中，唯有持续关注、研究竞争对手，企业才能不断优化自身发展策略，适应市场变化，最终在商业浪潮中站稳脚跟，实现长远发展。

三、深挖客户需求

客户需求是企业实现商业成功的核心驱动力，无论是显性需求还是隐性需求，都对企业发展起着关键作用。显性需求会随客户自身发展及外部环境变化而动态调整，隐性需求也会逐渐浮出水面并转化为显性需求。若企业无法及时捕捉并响应这些变化，销售人员将在商务活动中陷入被动。因此，企业需从以下两个维度深入挖掘客户需求：

（一）以动态视角预判客户需求

客户需求并非静态存在，而是会伴随客户自身成长、行业趋势演变、技术革新等因素发生改变。企业不能仅聚焦于客户当下的需求，更要具备前瞻性，通过分析客户的发展战略、市场地位变化、行业政策调整等信息，预测客户未来可能产生的需求，并提前布局产品研发、服务优化与资源储备。只有这样，当客户提出需求变更时，企业才能快速响应，提供契合需求的解决方案，增强客户黏性。

（二）从客户立场洞察深层需求

客户所表达的需求往往只是表面诉求，真正影响其决策的深层需求隐藏在表象之下。企业需要转换视角，深入研究客户的业务逻辑、商业模式、运营痛点，剖析其经营目标、成本结构、盈利模式等核心要素。通过模拟客户的商业运作流程，构建符合客户实际需求的财务模型，并围绕财务指标进行数据化探讨与决策。这种深度互动不仅能让企业为客户提供更精准、更具价值的产品和服务，还能在共同挖掘需求的过程中，建立长期稳定的合作关系，为企业带来持续收益，实现与客户的共赢发展。

第九章

▼

财务风险可视化模型

第一节　财务风险：企业运营的隐形伴侣

企业的财务风险，如同业务环节中的隐形伴侣，始终伴随着企业的运营与发展。这些风险不仅存在于战略规划、组织架构搭建、运营管理等各个阶段，还潜藏于员工情绪之中，对企业的稳健运营构成威胁。

一、战略方向的风险

战略方向是企业发展的指引灯塔，它既是企业的信仰，也是企业发展的赛道。在制定战略时，企业必须综合考虑内外部因素，以规避潜在风险。

（一）外部风险的应对策略

面对外部风险，企业应采取顺应外部环境的方式来规避。例如，当政府对房地产行业进行调控，导致资金获取困难时，企业可以通过分析自身优势、与竞争对手的差异化来寻找突围机会。此外，分散风险也是一种有效的策略，如通过合作拿地、提升集成化和系统化运营能力来降低风险。

（二）内部风险的控制机制

企业内部风险主要是财务风险。具有财务风险思维的管理者通常将企业财务风险分为人的风险和事的风险。"人的风险"主要体现在用人不当导致任务执行不力，进而造成经济损失。应对财务风险，管理者需建立科学的决策机制，确保决策的准确性与及时性；同时，制定严格的合同签订原则，例如要求合同内容与企业现有技术水平、生产能力相匹配，避免因承接超出自身能力范围的项目而引发财务风险。

（三）战略管理的规划与实施

战略管理不仅要为企业明确发展方向，更要确保战略目标的有效落地。这要求管理者回归企业管理的本质，重视人才的选拔与任用。通过精准识别、合理配置人才资源，确保团队具备实现战略目标的能力，从而推动企业战略的顺利实施，降低因人力资源不匹配而产生的财务风险。

二、组织架构的风险

企业的发展方向一旦确定，管理者的目标就变得明确。为了实现这些目标，找到合适的企业高管是至关重要的。随后，需要构建一个符合企业战略发展的动态组织架构。这里所提到的组织架构并非传统意义上的固定架构，而是一个能够随着企业战略发展而灵活调整的动态结构。

传统上，企业往往先搭建后勤部门，再招聘销售部门高管。然而，这种传统思维可能导致员工与战略管理脱节，进而带来财务风险。因此，以有思维、有规划的方式找到高管是新管理思维的底层逻辑。管理者需要明确知道自己需要什么样的高管，以及高管需要完成哪些任务。在面试过程中，应从应试高管的反应力、预判力、领导力、思维力和影响力等五个维度进行识别，以确保高管与企业的战略标准和现有平台相匹配。

高管的薪酬设计不应仅基于年薪制，还应与其搭建团队的累计薪酬按比例挂钩。这种薪酬设计方式可以避免官僚风险，使高管的薪酬与战略规划紧密相连，并促使执行层全方位达成目标。这种转变要求高管不仅要管理中层和员工，更要成为他们的核心，为他们提供支持和服务，以达成战略目标和计划。

采用这种方式构建组织架构，可以将管理者的战略思维与最基层的员工紧密联系在一起，实现"上下同心同德，共同创造财富"。这种动态组织架构能起到牵一发而动全身的作用，确保企业内部的协调与一致，为企业的长远发展奠定坚实基础。

三、运营管理的风险

运营管理作为确保企业战略达成的关键机制，其中的财务风险潜藏于各个业务制度和流程之中。这些风险可以分为以下几种类型。

（一）员工时间成本的风险

企业的制度规定了员工的工作行为和结果，而流程则明确了他们的工作步骤和程序环节。然而，调查发现，能够完全遵循企业制度的员工很罕见，全面阅读并理解企业整体制度流程的员工更是寥寥无几。这主要是因为员工通常只关注自己的权限和范围内的工作，对于超出这一范围的事务，他们往往没有时间和精力去深入研究。

由于每个部门都有自己的规范和流程，跨部门间的制度和流程以及员工之间的任务协调不可避免地会存在缝隙。这些缝隙会导致任务的中断，且需要通过部门领导间的协调才能解决。这种由于缝隙造成的任务停顿，就是员工任务的时间成本风险。该风险的计算方式是员工每分钟的价值与其停顿时间的乘积。

例如，某房地产企业的员工负责收款工作，但公司规定不能收取现金。然而，一些客户由于个人习惯仍然选择交付现金。这种情况下，员工需要暂停收款动作，并向本部门主管汇报并请示。原本简单的收款任务可能仅需 5 分钟，但现在由于需要不断电话协调，并且涉及多个管理层级，最终导致花费 55 分钟才能完成。如果每位高管的每分钟价值为 10 元，那么仅这一次停顿，企业就需要支付 500 元的时间成本。

（二）沟通的风险

无论是上下级之间的沟通还是平级部门之间的沟通，都至关重要。沟通不畅可能导致任务延误、成本增加等风险。因此，企业需要建立有效的沟通机制，确保信息能够准确、及时地传递。

（三）管理思维固化的风险

随着全球科技格局的不断变化，企业所面临的生存环境也在日新月异。因此，企业的决策者不能故步自封，而应该具备前瞻性的思维。过去的辉煌或低谷都应该成为历史，而不应成为影响未来决策的包袱。企业需要鼓励创新思维，不断适应市场变化。

（四）监督的风险

监督是确保企业制度流程有效执行的重要手段。然而，如果监督不力或者监督人员能力不足，就可能导致企业面临各种风险。因此，企业需要建立有效的监督机制，并提升监督人员的能力。

（五）偏离战略方向的风险

企业战略是企业发展的方向指引和赛道选择。然而，战略方向的偏移往往不易被察觉，因此需要企业时刻保持警惕并定期进行战略审查和调整。同时，企业需要在战术上灵活调整，以便动态地把握战略方向。

（六）执行标准的风险

在企业管理中，员工的执行标准是通过正式制度确立的财务指标体系。这些标准不仅指导员工的日常工作，还是评估其工作效果的重要依据。因此，企业需要确保员工能够有效执行这些标准，以提高整体效率和业绩达成率。

数据规划信用方法是一种基于数据分析和信用评估的管理策略，旨在通过以下方式提高员工执行标准的可靠性和效率。

（1）明确目标与标准。企业需要设定清晰地执行标准，确保员工了解自己的工作目标和预期成果。这些标准应该具有可衡量性，以便员工能够清楚自己的工作是否达标。

（2）数据驱动决策。通过数据分析工具来评估员工的执行效果，企业可以更准确地了解员工的工作表现和潜在风险。

（3）信用评估机制。建立信用评估机制，根据员工的历史工作数据、绩效评估和其他相关信息，为每个员工分配一个信用分数或评级。这有助于识别那些一贯表现出色的员工，并为他们提供更多的激励和机会。

（4）激励与约束机制。根据员工的信用评估结果制定相应的激励和约束机制。对于表现优秀的员工，可以给予奖励、晋升或其他形式的认可；对于表现不佳的员工，可以提供培训、指导，或采取其他纠正措施。

（5）持续监控与调整。数据规划信用方法需要持续监控和调整。企业应该定期评估员工的执行效果，并根据实际情况调整执行标准或管理策略。同时，也要鼓励员工积极参与反馈和建议，以便不断完善和优化管理方法。

（七）员工间文化不匹配的风险

在多元化与全球化的工作环境下，员工因文化背景差异产生的不匹配问题日益凸显，这种风险若不及时化解，将严重阻碍团队协作效率与企业运营效能。为此，企业可通过以下系统化策略来应对：

（1）强化文化敏感性。企业应将文化敏感性培训纳入员工发展体系，定期组织文化差异专题培训与研讨会。内容涵盖不同文化的价值观、沟通风格、工作习惯等核心要素，帮助员工理解文化差异的根源，培养包容心态，避免因文化误解引发冲突，为跨文化协作奠定认知基础。

（2）建立沟通渠道。鼓励员工之间进行开放、坦诚的沟通。提供有效的沟通渠道和平台，如员工座谈会、团队建设活动等，以便员工能够表达自己的想法和感受，及时解决问题和误会。

（3）明晰职责与目标体系。在团队协作场景中，建立清晰的职责分工与目标管理机制。通过书面化的岗位职责说明、项目任务拆解，确保每位员工明确自身工作内容与成果标准。同时，将团队目标与个人目标有机结合，减少因文化差异导致的工作权责模糊、任务理解偏差等问题，提升团队整体执行力。

（4）夯实信任文化根基。信任是团队高效协作的基石。企业需构建公正透明的管理制度，确保资源分配、绩效考核、奖惩机制的公平性，以制度保障员工权益。同时，鼓励员工间互帮互助，设立团队协作奖励机制，营造团结和谐的工作氛围。通过日常工作中的相互支持与认可，逐步建立员工间的信任关系，增强团队凝聚力。

通过以上措施的协同实施，企业能够有效化解员工间文化不匹配风险，促进多元文化背景下的员工相互理解、紧密协作，最终提升企业整体竞争力与创新活力。

四、员工情绪的风险

员工情绪的风险是企业战略落地过程中不可忽视的重要阻力。当企业出现工作分配不合理、任务难度超出员工能力范围，或员工遭遇个人生活困境等情况时，负面情绪极易滋生，进而导致工作效率下滑、团队协作受阻，影响企业整体运营效能。

为有效规避此类风险，企业管理者可从以下方面着手：

（1）优化工作管理机制。合理规划工作任务，充分考量员工的专业能力与工作负荷，避免因任务过重或分配不均而引发员工抵触情绪。同时，科学平衡工作时间与效率，减少不必要的加班，保障员工拥有合理的私人生活空间，以提升员工的工作满意度与忠诚度。

（2）构建情绪疏导与治理体系。建立健全员工情绪管理机制，如设立心理咨询服务、定期开展员工沟通会，为员工提供情绪表达与释放的渠道。通过及时倾听员工诉求、解决实际问题，帮助员工缓解负面情绪，将其转化为积极的工作动力。

（3）完善正向激励与竞争机制。构建公平、透明的市场竞争机制，通过培养优秀员工、设定合理的业绩标准、实施有效的奖惩措施，激发员工的工作积极性与创造力。当员工在良性竞争环境中获得成长与认可时，不仅能降低负面情绪的产生概率，还能提升团队整体战斗力，为企业战略目标的实现提供有力支撑。

第二节　预判财务风险的时间节点

管理者运用财务思维指导企业运营，主要是为了预判企业在未来某个时刻可能面临的财务风险，并提前采取措施进行规避。

一、项目商业逻辑测算时间点

企业进行项目商业逻辑测算，核心目的在于精准选择发展赛道、科学规划未来发展路径，而财务风险测算则是其中的关键环节。例如，A 企业计划投资人工智能生产线，旨在通过提升生产效率，将净利率从 10% 提升至 20%。但 8 000 万元的高额投资成本意味着，在收入无增长的情况下，投资回收期长达 4 年。因此，管理者需运用财务思维，借助数据量化手段，从以下六个维度全面评估并预判潜在财务风险。

（1）外部环境评估。深入分析市场需求规模及增长趋势，研究竞争对手的技术水平、产品布局与市场策略，判断项目在市场中的竞争优势与发展潜力，明确外部环境对项目盈利可能产生的影响。

（2）内部条件评估。系统梳理企业内部资源储备情况，包括资金、设备、场地等硬件资源，以及研发能力、管理水平等软件资源，客观评估企业技术能力与项目需求的匹配度，确保企业具备支撑项目落地与运营的实力。

（3）资金投入风险测算。精准估算项目全周期资金需求，制定合理的资金筹措方案，评估融资渠道的稳定性与成本高低，分析资金链断裂风险，确保资金投入既能满足项目建设需求，又能保障投资回报符合预期。

（4）安装实施风险测算。对生产线安装过程中的技术难点、施工进度、人员调配等实际操作问题进行预判，评估因技术实施难度、时间延误等因素可能导致的成本增加、投产延期风险，提前制定应对预案。

（5）维修保养风险测算。结合设备特性与行业经验，预估生产线后续维修保养成本、频率及技术要求，规划设备维护计划，确保设备稳定运行，降低因设备故障导致生产中断、成本上升的风险。

（6）人员匹配风险评估。依据生产线技术参数与操作规范，分析所需员工的技能结构、数量需求，评估企业现有人员与岗位要求的契合度，制定员工培训与招聘计划，避免因人员技能不匹配引发操作失误、生产效率低下等问题。

二、设计营利模式风险点

企业管理者在持续优化企业盈利模式的过程中，必须精准识别并有效管理其中的风险点。传统盈利模式通常关注宏观利润表的结构，而本文所探讨的盈利模式则是从微观角度出发，聚焦于企业各产品线的净利润中心。

例如，B 企业专注于电梯生产、销售、安装、维修及保养。在设计盈利模式时，B 企业遵循以下两个核心原则。

首先，企业必须明确电梯产品及服务的盈利目标，并设定相应的净利率标准。只有那些符合预期净利率的产品和服务，才会被纳入生产和销售计划。这一原则有助于确保企业资源的有效配置，避免在低效或亏损的业务上浪费资源。

表 9-1 展示了 B 企业在规划初期对各产品线的详细测算。从数据中可以看出，服务 B 和产品 C 由于净利率较低，甚至可能出现亏损，因此在规划阶段就被视为"吸血"链条，需要被及时淘汰。这样做有助于企业在后续运营中降低财务风险，确保整体盈利水平的稳定。

表 9-1　企业规划初期的测算

项目	产品 A	产品 B	服务 A	服务 B	产品 C	利润表
收入 / 万元	10 000	2 000	1 500	800	300	14 600
成本 / 万元	6 900	1 200	1 050	640	270	10 060
管理费用 / 万元	700	140	105	56	21	1 022
销售费用 / 万元	1 000	200	150	80	40	1 470
财务费用 / 万元	150	30	23	12	5	219
所得税 / 万元	55	56	57	58	59	285
净利润 / 万元	1 195	374	116	-46	-95	1 544

其次，B 企业设置了盈利预警机制。即使在初期测算中某些业务链条表现为盈利，企业也需在实际运营过程中进行实时跟踪和监控。这样做是为了防止实际金额超出测算数据，从而避免潜在的"吸血"链条的出现。管理者必须具备前瞻性的眼光，时刻关注市场动态和企业内部运营情况，以便及时调整盈利模式和业务策略。

三、客户画像风险点

　　企业的产品和服务要成功销售给客户，关键在于精准定位客户群体。以下从几个方面深入探讨客户画像构建过程中的关键点及潜在风险。

（一）最大化客户价值

　　企业提供的产品与服务应聚焦于为客户创造最大化价值。以阿里巴巴旗下的淘宝和天猫平台为例，通过提供高性价比、品类丰富的商品，搭配完善的售后保障体系与潮流化运营策略，精准吸引年轻消费群体，显著提升客户复购率。化妆品企业在新品研发时，常采用"用户体验先行"策略，邀请目标客户试用产品并收集反馈，持续优化产品性能，最终以优质产品推向市场，增强客户黏性。

　　在激烈的市场竞争环境下，企业间往往围绕同一客户群体展开争夺。适度竞争有助于提升客户体验价值与产品差异化优势，但过度竞争易导致市场无序化。企业应立足自身核心竞争力，一方面深耕现有客户群体，通过创新服务与产品迭代提升客户体验；另一方面积极开拓蓝海市场，挖掘潜在客户需求。

（二）明确客户的需求边界

　　客户对企业产品的需求频次与购买量直接影响企业收入规模。对于刚需类产品，企业需精准把握市场时机，引导客户需求。以万科房产为例，在房地产市场低迷期，针对青年刚需群体推出高性价比住房，并以超值物业服务为核心卖点，成功打开市场。贵州茅台酒也是一个典型例子，其卓越的客户体验和价值使得客户忠诚度极高，形成了稳定的市场需求。

　　企业在构建精准客户画像的基础上，需结合客户实际情况制定收入规划。以 C 房地产企业为例，通过分析青年人新增数量、婚期比率、市场占有率等数据，科学确定目标销售套数，划定业务边界，并围绕边界配置适配资源，实现效益最大化。这种基于数据驱动的决策方式，既能精准匹配客户需求，又能避免资源浪费，提升企业运营效率。

（三）确保客户的持续购买能力

客户的持续购买能力是企业战略规划的重要考量因素，其核心取决于客户对产品的体验程度。优质的产品体验能显著提升客户对品牌的认可度与忠诚度，使其在同类产品选择中优先考虑本企业产品。为强化客户持续购买意愿，企业需建立长效沟通机制，及时了解客户反馈；持续推动产品迭代升级，引入前沿科技提升产品竞争力；同时，高度重视售后服务质量，将其作为提升客户体验的关键环节。

以惠氏奶粉为例，品牌不仅专注于产品品质把控，还围绕婴儿成长需求提供增值服务：赠送宝宝成长所需用品，关注儿童智力开发，为家长节省时间与成本。这种契合客户需求的服务模式，大幅提升客户体验，有效增强客户持续购买意愿，形成稳定消费市场。

综上所述，精准构建客户画像并有效管理潜在风险，是企业满足客户需求、提升市场竞争力、实现稳健收入增长的关键路径。企业需从价值创造、需求界定、持续服务三个维度协同发力，夯实客户基础，推动可持续发展。

四、资产管理风险点

资产管理风险点是企业资产范畴内管理能力的直接体现，其中，资产周转率是风险控制的核心指标。本文将重点探讨应收账款与存货两大资产的管理风险点，其他资产的风险管理可参照此逻辑进行推导。

（一）应收账款管理风险点

在应收账款的管理中，管理者需密切关注两个关键维度：应收账款周转率与资产周转率之间的关系，以及内部不同客户间的应收账款周转率差异。

1. 横向分析

横向分析旨在揭示应收账款周转率与资产周转率之间的内在联系。当应收账款周转率高于资产周转率时，表明企业在应收账款管理方面表现良好，资金回收速度较快；反之，则意味着企业在应收账款管理上存在短板，资金回收滞后。如图 9-1 所示，当应收账款周转率的横向分析趋势高于资产周转率时，可以认为企业的应收账款管理状况良好。

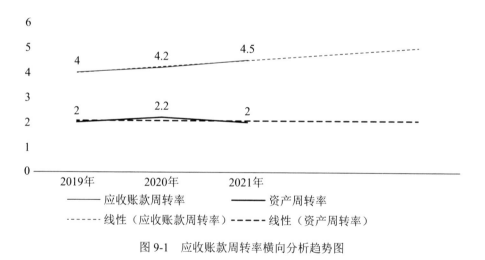

图 9-1　应收账款周转率横向分析趋势图

2. 纵向分析

纵向分析则关注企业内部客户间的应收账款周转率情况。通过此分析，企业能够识别出哪些客户的应收账款周转率存在问题，进而采用客户信用管理策略进行干预。如图 9-2 所示，客户 C 的应收账款周转趋势线位于企业应收账款周转率的上方，表明其处于正常状态；而客户 E 的应收账款周转率趋势线则位于下方，表明其存在问题。因此，企业应将客户 E 纳入信用评估体系，并在未来的交易中根据其信用状况进行合同签订，以规避坏账风险。

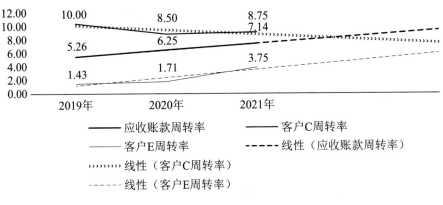

图 9-2　应收账款内部客户周转率纵向分析图

（二）存货管理风险点

存货是企业的重要资产之一，包括原材料、在产品、产成品和在途材料等。存货周转率反映了企业的存货积压情况，积压率越高，意味着企业囤积的存货越多，这对企业的现金流和净利润将产生不利影响。

1. 存货积压率趋势

若企业的存货积压率呈现上升趋势，管理者应引起高度重视。这通常意味着企业的存货管理存在问题，可能导致资金占用增加、存储成本上升以及市场响应速度减慢等后果。

2. 解决方案

要解决存货积压问题，管理者需要深入挖掘导致积压的具体产品。这需要对存货的细项进行详细分析。若发现某原材料的囤积率正在上升，管理者应关注该原材料的采购和使用情况，并设定合理的原材料囤积率标准。例如，可以规定原材料囤积率必须低于去年的水平，并将此标准纳入采购部门的工作任务中，作为薪酬控制的一个因素。

　　除应收账款与存货外，其他流动资产的管理风险点也不容忽视。总的来说，以财务思维来指导资产管理是解决问题的根本途径。企业应建立健全的资产管理制度，加强风险监控与预警机制，确保资产的安全与高效运转。

第十章

构建财务思维管理标准

第一节 财务思维是第一维度

财务思维，作为一种以企业家视角来审视和管理企业的思维方式，使管理者能够从财务的角度出发，对企业的发展进行全面而深入的规划。

一、根除企业问题

通过对100家美国上市企业和400家中国上市企业的调查，我们发现，尽管这些企业的收入在持续增长，但毛利率却普遍下降。以新松机器人企业为例，该企业连续两年收入增长率攀升，但成本增长率却超过了收入增长率，导致企业成本不断攀升，毛利率显著下降，长此以往，可能引发企业亏损。

面对这些问题，企业可能会从多个角度寻找原因，如疫情的影响、原材料价格上涨以及企业内部管理不善等。然而，要真正解决这些问题，企业需要深入剖析其根源。

（一）企业问题

企业问题，指的是那些隐藏在企业内部，一旦爆发就可能迅速蔓延，最终导致企业破产清算的关键问题。这些问题往往被管理者忽视，主要是因为企业没有遵循以下四个逻辑。

1. 商业逻辑

商业逻辑要求企业从外部和内部两个层面进行深入分析，涉及企业管理、统计学和政治经济学等多个领域。企业管理应遵循科学的方法和理论，为员工搭建公开、公平、公正的治理环境，并提供必要的服务和支持。统计学则通过对大量数据的分析，为企业决策提供依据。政治经济学则帮助企业把握外部机会，如国家提倡的科技创新、乡村振兴和扩大就业等。

2. 财务逻辑

财务逻辑的核心是从广义的财务思维角度，运用财务数据反映企业的运营效果。这涉及管理会计、财务管理、数据分析和税务筹划等多个方面。

（1）管理会计：管理会计是从财务会计中分离出来的一个分支，旨在为企业提供最优决策、改善经营管理、提高经济效益等服务。

（2）财务管理：财务管理涉及资产的购置、融通，经营中现金流量以及利润分配的管理。它在企业管理中占据重要地位，为管理者提供决策依据和参考，并负责对企业战略规划进行量化分析和预测。

（3）数据分析：数据分析通过运用财务指标数据，将企业复杂而无规则的大量管理数据和定性的任务过程转化为可参考和应用推广的财务指标数据。其核心在于将定量主观的部分转化为定量客观部分，便于管理者参考和决策。

（4）税务筹划：税务筹划涉及根据税收优惠政策和现行税法规定进行事先的商业模式和合同条款规划。关键在于企业商业模式和合同条款的制定等，主要规划范畴包括流转税和企业所得税。在筹划时，需要注意时效性和有效性，以确保企业既能享受国家短期的税收优惠政策，又能享受长期的税收优惠政策。

3. 心理学逻辑

企业管理实际上是对人的管理，需要运用心理学逻辑。这包括马斯洛需求模型、企业文化的应用、人性管理方法、情绪管理方法和思维进化等多个方面。

（1）马斯洛需求模型。该理论将人类需求划分为五个层次，即生理需求、安全需求、社交需求、尊重需求和自我实现需求。在企业财务管理中，这些层次可巧妙对应至不同的管理实践：通过投资薪酬与短期薪酬总额满足生理需求；建立"三公"治理机制确保安全需求；同级互带薪酬、服务薪酬及管理津贴促进社交与尊重需求的实现；而投资回报倍数与长期福利则激励着员工的自我实现追求。

（2）企业文化的应用。企业文化，作为企业持续发展的精神支柱，需深植于日常运营的每一个环节，并通过具体的薪酬体系来量化其成效，确保文化理念与实际行动的紧密融合。

（3）人性化管理方法。企业战略的成功落地，离不开员工的积极参与与不懈努力。通过人性化管理，如员工利润中心考核、成就员工为导向的过程管理、信用评分机制激发内在动力，以及遵循市场法则的公平分配原则，都可以有效调动员工积极性，促进其个人价值的实现与企业目标的达成。

（4）情绪管理方法。在人工智能迅速崛起的背景下，人类面临的职业挑战日益凸显。情绪，作为人类重要的心理特征，对工作效率产生着深远影响。良好的情绪状态能显著提升工作效率，而情绪低落则可能导致工作效率下滑，进而引发任务延期乃至员工流失的风险。因此，管理者需重视情绪管理，将其纳入管理指标体系，如通过提成薪酬的一部分来激励员工保持积极情绪，同时鼓励员工正向表达情绪，将其转化为推动工作的内在动力。

（5）思维进化。企业的发展要求每位员工的思维都能与企业同步进化。思维进化的速度往往成为制约企业发展的关键因素。在工作中，员工应时刻保持对问题的敏感与探索，遇到阻碍时立即启动思维进化机制。同时，企业应将思维进化带来正面改变的案例纳入企业案例库，作为思维进化分级的标准。全员平均薪酬的提升，不仅是员工物质收益的增加，更是企业员工思维水平整体提升的直观体现，标志着企业思维进化的成功推进。

4. 投资逻辑

对于管理者而言，培养员工的投资逻辑至关重要。企业薪酬不仅是对员工劳动的直接回报，更是企业战略规划的一种投资形式。战略规划的最终目标通过收入增长来体现，而每位员工都需承担起创造收入的责任。因此，在员工创造收入之前，其薪酬可以被视为企业对员工的一种投资。

（1）收入与规划薪酬的转化。管理者投入的是所谓的"投资薪酬"，而员工实际获得的薪酬则是其工作成果的直接体现。为了确保企业发展管理指标与员工利润中心指标的和谐统一，管理者需将收入巧妙地转化为规划薪酬，以此作为对员工工作表现的考核标准。

（2）投资标准的设定。投资标准的衡量依据是员工的投资回报倍数，投资回报倍数＝实际薪酬÷规划薪酬。在这里，规划薪酬代表了企业的投资薪酬，而实际薪酬则反映了员工个人所创造的价值。员工的实际薪酬越高，意味着企业战略收入的提升，进而推动企业的整体发展。

（3）员工投资的重要性。投资员工，即企业在招聘员工后，为员工核定的薪酬总额中所包含的无责底薪部分。这不仅是对员工基本生活的保障，更是企业培养员工能力、提升员工未来价值的重要举措。成就员工，就是成就企业本身，因为企业是由一群相互匹配、共同努力的员工所构建起的具有自主生命力的平台。因此，管理者应具备敏锐的财务思维，善于识别并挖掘员工的潜力，通过正向激励，将员工的个人潜力转化为企业的实际价值。

（二）企业重大问题的根源性解决办法

企业重大问题指的是那些威胁到企业生存与发展的核心难题。当这些问题发展到晚期时，通常表现为资金流中断、员工离职率飙升、企业文化崩溃，以及管理者对企业前景的悲观态度。在这样的环境下，企业内部弥漫着不安与恐慌，日常工作效率严重下滑。

这些问题的产生并非无迹可寻，它们背后隐藏着深刻的逻辑链条。资金流的断裂，往往是企业运营能力不足的直接后果；而高离职率通常源于企业内部治理机制的不透明、不公平与不公正，这导致了员工情绪成本的激增、沟通成本的上升，以及员工间信任基础的瓦解。

为有效解决企业面临的这些问题，需遵循三大前提条件：保持企业员工总数不变、不额外增加其他资源投入，并对问题涉及金额进行量化分析。基于此，可通过以下系统性步骤从根源上解决问题：

（1）深度挖掘问题根源。依托翔实的数据核查与数据预测模型构建，精准定位企业最核心、最具威胁性的问题。将历史真实数据导入模型进行模拟测试，并对测试结果展开全面、客观的评估分析。

（2）制定针对性解决方案。管理者应基于测试结果，制定切实可行的解决方案。方案制定者需进一步细化方案，形成详细的实施计划。该计划应涵盖开始与结束时间、关键人员与事件、岗位说明、制度流程、监督人、验收标准以及预期效果等要素。

（3）利用预测软件跟踪实施进度。计划执行人员应将任务数据录入预测软件，搭建完整的企业预测监控体系。这个体系的实际效果将直接体现在问题解决的进度与成效上，为企业的持续健康发展提供有力保障。

（三）企业的规划

企业的规划，简而言之，都是管理者在深入分析问题解决过程的基础上，紧密结合企业当前的实际状况，所作出的一系列前瞻性决策。这些决策并非孤立存在，而是需要将每次决策后的成果，经过精心提炼，转化为标准化流程，并系统地整合入企业的案例库中。

这些细微而精确的标准化流程，如同积木般逐渐累积，最终构建起企业独特的规划方法论。它们不仅为企业的日常运营提供了明晰的指导，更为企业的长远发展奠定了坚实的基础。同时，每一个小的标准，以及企业在不同阶段所设定的阶段性标准，它们相互交织，共同构成了企业宏伟的整体规划蓝图。

二、构建企业内部分解体系

为了促进企业内部创客模式的形成，我们需将企业管理指标精细分解至每位员工的利润中心，确保每位员工都能明确自己的责任与目标，从而激发整体的积极性与创造力。

（一）战略规划与高管薪酬挂钩

我们将企业的战略规划指标与高管薪酬进行深度结合，通过细致分解战略规划中的关键要素，为每位分管高管设定明确的部门薪酬总额。这样一来，每位高管都将拥有一个清晰的利润中心，使其工作方向与企业整体战略规划保持高度一致，确保战略的有效落地。

例如，P企业的战略收入目标为10亿元，我们可根据薪酬转化规则，将这一目标直接对应到高管薪酬上，如直接任务高管薪酬总额为800万元，间接任务高管薪酬总额为300万元，以此作为高管们努力的方向和动力。

（二）高管薪酬的部门层面细化

为了进一步激发各部门的积极性，我们将高管的薪酬进一步细分至其管理的各个部门，形成三级部门利润中心。这样，每个部门都将拥有一个具体的利润目标，从而激发部门内部员工的积极性和创造力，推动部门业绩的持续提升。

例如，一位直接任务高管负责管理销售一部、销售二部和销售三部，他需根据自己的薪酬总额，结合各部门的实际情况和信用评分等因素，合理地将薪酬分配到这三个部门，确保每个部门都有明确的奋斗目标。

（三）部门薪酬与员工利润中心相连

为了将企业的目标真正落实到每一位员工身上，我们将部门薪酬与员工个人的利润中心进行紧密联结，形成四级员工利润中心。这样，每位员工都将拥有一个明确的利润目标，从而激发他们的工作热情和创造力。

以销售部门为例，若销售一部获得的薪酬总额为145万元，且该部门有20名销售员工，我们可根据实际情况，为每位员工设定合理的薪酬分配方案。在扣除业务费用后，为每位员工设定一个明确的规划利润中心，如6.25万元，以此作为他们努力的方向和动力。

为了确保企业的可持续发展和员工的稳定收入，我们还将密切关注全体员工的平均薪酬水平。若某部门或员工的薪酬低于企业的最低要求，我们将及时进行调整或提供必要的培训和发展机会，帮助他们提升业绩和收入水平。

三、按需分配给员工

管理者在制定企业治理机制时，应确保规则的正向性，并精准地将资源分配给合适的员工。

（一）确定员工需求

管理者需要量化员工的需求，主要遵循两大原则：财务思维和员工投资。财务思维要求企业以投资回报倍数作为员工投资的指标；员工投资思维则要求精准识别那些有潜力在一年内转变为人力资源型的员工。

（二）管理员工心理预期

员工心理预期是情绪管理的核心。当员工的心理预期与实际情况存在落差时，会导致其产生不满情绪。因此，在设计按需分配薪酬时，管理者应根据员工的信用分设定最低标准，并通过竞争机制让员工体验到超值的喜悦。这并不是提高员工的心理预期，而是确保员工的心理预期与他们的能力和企业的薪酬标准相匹配。

（三）树立终身考核观念

无论员工在企业工作多久，都需要持续提升和进化思维。管理者应树立终身考核的观念，每天了解员工的工作情况，确保他们始终保持进步。在外部环境瞬息万变、市场竞争白热化的当下，企业时刻面临着生存考验，这就要求员工不仅要实现自我突破，超越过去的思维与行为模式，更要对标行业先进水平，以创新思维和高效行动超越同行业其他企业。

四、员工平均薪酬体现管理标准

员工平均薪酬不仅是员工辛勤付出的回报，更是企业管理标准的直观体现。当企业采用"投资员工倍数"的管理理念时，员工薪酬便成了衡量企业管理水平和市场竞争力的量化标准。由于薪酬数据真实客观，这一标准不仅适用于同行业对标分析，在跨行业比较中也具备参考价值。

（一）总体平均薪酬管理标准的重要性

总体平均薪酬管理标准不仅在本企业内部具有重要的参考价值，也是企业在同行业间比较管理水平的依据。以 L 企业为例，2022 年 7 月企业总体平均月度薪酬为 8 000 元，而到了 2022 年 8 月，这一数字提升至 9 000 元，增长了 12.5%。这种显著的增长不仅代表了企业对于员工的重视，更体现了企业管理标准水平的显著提高。

（二）直接任务平均薪酬管理标准与市场竞争力

直接任务薪酬管理标准直接关联企业在市场上的竞争力。当这一标准持续增长时，意味着企业的市场能力在不断增强，进而有助于缩短企业战略收入达成的周期。以 L 企业和 P 企业为例，P 企业的直接任务平均薪酬管理标准为每年 20 万元，明显高于 L 企业的 15 万元。这也从侧面反映出 P 企业在市场拓展和成单能力上的优势。

（三）间接任务平均薪酬管理标准与内部管理水平

间接任务薪酬管理标准则更多地反映了企业在内部管理和风险控制方面的水平。通常，这一标准会低于直接任务平均薪酬管理标准，因为间接任务的工作性质和管理风险相对较低。这种设置符合"高风险高收益"的管理逻辑，也是企业对不同岗位员工薪酬进行合理分配和激励的体现。通过合理的薪酬设置和激励机制，企业可以激发员工的积极性和创造力，提高内部管理水平和风险控制能力，从而为企业的持续发展奠定坚实的基础。

第二节　财务思维下的数字化持续跟踪

一、根治企业陈旧问题

陈旧问题是制约企业发展的顽疾，它们长期存在，逐渐累积，侵蚀着企业的活力和竞争力。当企业面临陈旧问题时，员工士气低落，发展步伐放缓，管理效率下降。

例如，当企业年收入达到 3 亿元左右，需要跨越新的发展阶段时，企业元老的思维可能未能跟上时代的步伐，而管理者的思维却在不断提升。这时，如果元老的思维未能及时进化，企业的内部控制可能会出现漏洞。大幅度改革可能会摧毁企业稳步发展的根基，而不改革则可能导致元老的官僚作风日益严重，使企业陷入停滞不前的困境。陈旧问题的主要类别包括以下几个方面。

（一）情绪成本

情绪成本是导致企业工作效率下降的重要因素，它具有高度的传染性和破坏性。一旦情绪成本被激发，企业内部可能陷入明争暗斗，严重影响正常运营。情绪成本的存在会延长企业战略收入的达成时间，这可以通过管理指标中的员工利润中心数据变动来验证。

如图 10-1 所示，员工日任务薪酬增长率在 16～19 日发生了巨大的变化，呈现出类似于心电图的波动。排除工作任务客观变化的情况，这说明该员工在工作情绪上存在巨大的波动。随后，员工开始调整状态，整体增长率呈现上升趋势，这表明情绪管理的重要性。

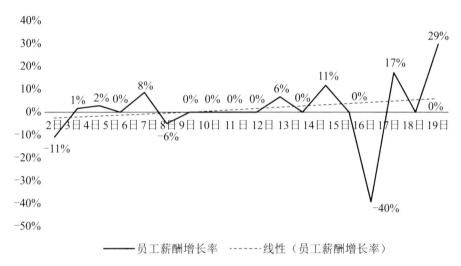

图 10-1　员工日任务薪酬增长率

（二）文化沦陷

企业文化作为企业的灵魂，一旦出现"文化沦陷"，将成为威胁企业生存的潜在致命风险。当企业文化丧失引领作用，企业就如同失去方向的航船，难以实现可持续发展。在企业战略达成过程中，员工的内在驱动力与外部治理环境相辅相成，其中企业文化（内因）发挥着主导作用，占据80% 的权重，而外部治理环境（外因）仅占 20%。因此，文化沦陷可被视为企业生命力衰退的危险信号，必须引起管理者的高度警惕。

为及时监测企业文化的健康状态，企业需构建科学的数据分析体系。在分析过程中，应排除员工工作岗位变动、个人能力提升等客观因素的干扰，以基准常数为参照，精准评估企业文化对员工行为和企业运营的实际影响。

例如，通过运用财务思维整理的数据分析，我们发现某企业的 Y 员工的能力因素波动比率在 5%，工作变动因素波动比率在 10%。超出这些比率的部分，就可以视为企业文化因素的影响。如图 10-2 所示，企业文化因素一直在影响该员工，但影响强度呈逐渐减弱趋势。基于此类数据分析结果，企业能够判断是否需要针对员工开展企业文化培训与强化活动。

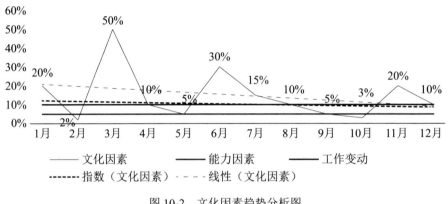

图 10-2　文化因素趋势分析图

（三）员工懈怠

员工懈怠是另一个需要密切关注的问题。长期从事重复单一的工作内容，易导致员工出现懈怠和情绪问题。为了解决这个问题，企业可以运用财务思维建立监控模型，将员工懈怠转化为工作效率指标。结合企业实际情况，可设定"员工懈怠日薪酬变动率"作为评估指标。通常，该指标小于 2% 可视为员工工作状态正常，而大于 2% 则说明员工存在懈怠问题。

如图 10-3 所示，该该员工的懈怠日薪酬变动率明显偏高，表明该员工存在懈怠问题。

为解决这一问题，企业可以采取两种解决方案：一是通过为员工设定更高的业务目标与工作要求，促使其在重复性工作中主动探索效率提升的方法；二是当员工展现出高效工作能力时，及时调整其工作任务，赋予其更具挑战性的职责或晋升机会，以激发其内在工作动力，推动思维能力进化。这样做还能为企业培养潜在的管理人才，实现员工与企业的共同成长。通过上述措施，企业能够系统性地解决员工懈怠问题，有效提升团队整体工作效率与企业运营效能。

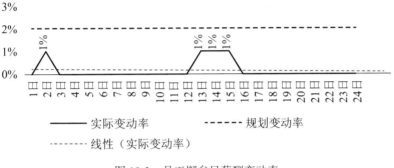

图 10-3　员工懈怠日薪酬变动率

二、管理失控问题剖析

企业管理一旦失控，原本应作为支撑的制度流程反而成为阻碍，引发一系列问题，诸如应收账款激增、存货积压等。尽管融资能在短期内缓解现金流压力，但管理失控这一根本症结依旧存在。长此以往，企业恐将陷入困境，甚至面临破产的严峻风险。因此，解决管理失控问题才是治本之道，而非仅仅依赖融资来掩盖表面的矛盾。

为了有效应对管理失控，我们需遵循企业管理标准中的"三位一体"原则，制定出一套系统的解决方案。

（一）追溯问题根源

企业管理失控的根源往往在于战略目标的模糊或缺失。只有明确了战略目标，管理者才能有针对性地组建具备相应文化和能力的高管团队。随后，高管团队需进一步匹配中层员工，而中层员工则负责确定基层员工的选拔与配置。

（二）构建薪酬体系

解决企业管理问题的核心在于将战略目标精准拆解并融入员工薪酬体系。当员工岗位职责与日常任务明确后，企业制度需与之紧密衔接，业务流程也应围绕整体战略节奏及每日工作任务进行优化，形成"目标—职责—制度—流程"的闭环管理体系。

（三）具体解决方案

具体的解决方案包括：

（1）收入转化为薪酬方案：建立基于员工贡献的薪酬转化机制，将企业收入增长与员工个人薪酬挂钩，实现收入分配的公平性与激励性。

（2）薪酬种类设计方案：多元化设计薪酬结构，涵盖基本工资、绩效奖金、项目分红、长期激励等，满足不同岗位与员工需求。

（3）员工利润中心方案：推行员工利润中心模式，将员工个人工作成果与企业利润直接关联。

（4）项目节点确定方案：科学规划项目关键节点，明确各阶段目标与交付标准，确保项目高效推进。

（5）员工任务分配方案：依据员工能力与岗位需求，合理分配工作任务，实现人岗匹配与资源优化配置。

（6）自动生成制度流程与岗位说明书方案：利用数字化工具，基于员工任务与企业战略自动生成标准化制度流程与岗位说明书，提升管理效率。

在解决管理失控问题时，培养员工的财务思维是关键突破口。企业应将薪酬视为对员工能力与贡献的投资，通过计算员工的投资回报率，衡量人力资源投入产出效益。员工回报倍数越高，意味着企业价值创造能力越强。因此，管理者需重点加强员工财务思维培训，帮助其理解成本、收益与价值创造的关系，实现个人成长与企业发展的协同。

改革过程中，阻力与风险不可避免，可能影响企业稳定性。对此，建议采用"局部试点—逐步推广"的策略：选择特定产品、部门或班组作为试点，验证方案可行性与有效性。试点成功后，再向企业全面推广，平衡改革与稳定的关系。此外，问题发生后应在一周内快速响应，通过复盘分析原因、优化方案；避免采用惩罚性措施，以调研与正向激励为主，调动员工参与积极性。当试点方案有效解决问题，员工不仅能在工作中实现自我价值，也会对改革产生认同感与成就感，推动企业持续向好发展。

三、战略方向深入人心

企业战略发展方向需转化为全体员工的共同认知与行动指南。在新员工入职阶段，应开展系统性的战略方向培训，帮助其理解日常工作与企业战略的内在关联，明确个人工作效率对战略目标实现的直接影响，确保战略理念融入员工日常工作。

（一）日常任务与战略进度的联动

员工每日的任务进度是企业战略目标达成的基础单元。每一份进步都在推动企业战略向前迈进。这种联动的关键在于明确的项目节点，战略收入需被精细分解为项目节点的具体任务。项目节点的内容广泛，包括但不限于关键时间节点、涉及部门和产品等。

（二）任务效率与战略联动的高效性

员工每日的任务效率是战略高效达成的关键因素。若员工规划的任务量超出实际执行能力，效率将受损，导致战略实现时间延长。

四、数字化管理监控体系的构建

数字化管理监控体系应基于财务思维框架来构建。

（一）薪酬差异监控

依托企业商业与业务模型，设计数字化监控方法，重点对比实际薪酬与规划薪酬的差异。当实际薪酬持续高于规划值时，预示战略推进加速；两者相等时，战略按计划实施；若实际薪酬持续低于规划值，则表明战略执行存在延期风险，需及时预警干预。

（二）任务完成进度监控

搭建员工任务进度实时监控系统，实时跟踪任务完成情况。若各项任务进度与计划一致，战略目标有望如期实现。通过监控员工任务完成进度率，进行预警、公示与排名，强化执行监督。

（三）任务分配原则监控

依据企业业务流程与战略规划，制定员工任务分配原则。通过监控任务分配执行率来评估分配效果：执行率超100%，表明分配高效；低于100%，则需调整优化，确保任务分配贴合战略需求。

（四）岗位说明书变动监控

根据员工每日任务标准，自动生成岗位说明书，作为工作质量确认依据。监控岗位说明书变动率，高变动率反映企业处于任务调整期，低变动率则代表发展稳定，为管理决策提供参考。

（五）经营保底标准提升监控

密切关注企业经营保底标准的提升情况，这一指标反映企业抵御内外部风险的能力，是战略达成的关键支撑，也是企业管理与员工思维进化的成果体现。

（六）过程资产变动监控

实时监测企业突发事件（外部风险）与预警事件（内部管理、财务风险），跟踪过程资产变动。通过提炼管理经验、沉淀案例库，形成企业无形资产，提升管理水平。

（七）制度流程修改监控

企业管理标准与员工薪酬增长呈正相关，共同体现管理水平。制度流程修改周期需兼顾灵活性与成本：按天修改响应及时，但成本高；按周修改可降本，但可能滞后。通过监控周转率来评估管理效率，合理选择修改周期，平衡管理灵活性与稳定性。

（八）战略目标达成监控

建立战略目标分解机制，通过监控各阶段小目标的完成情况，预判最终战略目标的实现结果，确保企业始终朝着既定方向稳步前行。

五、企业管理标准的持续提升

企业管理标准的提升与员工平均薪酬增长率密切相关。薪酬增长率越高，通常意味着企业管理标准在不断提升。例如，A 企业员工薪酬增长 20%，而 B 企业增长 15%，则 A 企业管理标准提升更快。

（一）管理标准的规划

企业管理标准需要进行系统规划，以实现企业对员工的承诺。这具体体现在企业对员工薪酬的规划上，即企业员工平均年度薪酬的增长率。例如，企业可以制定"年度平均薪酬按 15% 的速率递增"的规划。

（二）提升管理标准的方式

提升管理标准的方法主要有三种：一是提供针对性的高端外部培训；二是通过企业内部同级互带的薪酬分配机制；三是实行排名薪酬竞争机制，通过正向激励激发员工的竞争意识与创新动力。企业需对员工进行动态评估，选择适配的提升方式，确保激励效果最大化。

（三）迭代管理标准的模式

管理标准需要不断迭代和提升。这主要涉及企业内部薪酬制度的螺旋式上升，以及根据企业战略目标对薪酬分配进行持续优化。同时，还需不断调整薪酬制度，以适应企业战略的变化。例如，某企业沿用三年的运营管理标准已无法满足发展需求，可通过将员工平均年薪从 10 万元提升至 20 万元，同步配套绩效考核、晋升通道等制度改革，实现管理标准的跨越式提升。

（四）管理标准实际提升与规划目标的差异

实际提升效果与规划目标之间的偏差，是衡量企业战略执行与资源调配能力的重要标尺。例如，某企业规划员工平均年薪从 10 万元提升至 15 万元，而实际仅达 12 万元，实际提升率为 20%，未完成 30% 的目标，企业需深入分析原因，通过精准定位问题，针对性地调整策略，确保管理标准提升目标的有效达成。

第三节　财务思维下的生态管理

　　财务思维生态管理是一种创新的管理理念，它视企业为一个生命体，强调构建一个生态管理系统，以确保企业内各组织与单元能够协同工作，从而推动企业实现自主运营与持续发展。

一、企业新生问题的常态化应对

　　随着外部环境的不断变化，企业面临的新生问题层出不穷。因此，企业内部管理标准需与外部环境保持动态匹配，以有效应对这些挑战。

（一）员工成长与企业发展的同步性

　　员工成长与企业发展的同步性是维持企业竞争力的关键。当员工薪酬增长率大于或等于企业平均薪酬增长率时，表明员工能力提升与企业发展节奏一致，能够有效推动业务和管理标准的提升；反之，若员工薪酬增长滞后，则可能意味着员工成长速度跟不上企业发展需求，需通过培训、激励等手段及时补足。

（二）员工任务变动率的动态管理

　　员工任务变动率直接影响企业运营效率。随着企业战略微调或业务规模扩张，员工需快速适应任务变化：一方面，战略调整带来的任务结构变化要求员工具备灵活应变能力；另一方面，业务量增长导致的任务负荷增加考验员工工作效率。企业应建立弹性任务分配机制，通过资源优化配置、流程简化等方式，帮助员工高效应对高任务变动率的挑战。

（三）员工利润中心的动态优化

员工利润中心作为企业总体利润的核心构成单元，其变动直接影响企业盈利水平。管理者需实时监控员工利润中心的变动趋势，通过数据分析精准识别高价值贡献点与潜在风险。通过优化资源分配、完善激励机制，激发员工积极性，实现企业与员工的利益共赢。

（四）企业战略方向的动态调整

经济形势波动、政策法规变化、竞争对手策略迭代等外部因素，要求企业对战略方向进行动态评估与调整。管理者需结合全球发展趋势，运用系统化决策逻辑，及时校准战略目标，确保企业在复杂环境中保持发展主动权。

（五）企业管理内控体系的持续完善

企业管理内控的动态调整是发展的必然要求。健全的内控体系能够有效防范内部风险，增强企业核心竞争力，使其在恶劣环境中保持稳健运营。企业应建立长效优化机制，随着业务发展、环境变化，持续迭代内控流程与标准，提升风险防控能力。

（六）企业外部环境适应机制的构建

外部环境变化具有不可控性和持续性，企业需建立敏捷响应机制。通过加强市场监测、行业趋势分析，提前预判环境变化方向；同时，优化内部决策流程，确保在面对外部冲击时能够快速调整策略，维持竞争优势与发展稳定性。

二、员工自主解决新生问题的能力培养

企业内部问题的复杂性与动态性，与员工对新状况的敏感度息息相关。企业的发展离不开优质的员工，而员工自主解决问题能力的培养则是关键。

（一）员工对突发事件的感知与预警

一线员工作为企业运营的最前沿力量，应具备对外部环境变化引发的突发事件的敏锐感知能力。企业应鼓励员工定期开展敏感度分析，每天预留特定时间对外部因素进行观察与评估。一旦发现可能影响企业运营的突发事件，员工应及时进行预警，以便企业能够快速启动应急响应机制应对突发事件。

（二）员工对预警事件的监控与报告

企业内部管理风险事件属于预警事件范畴，通常由管理失控、制度漏洞或流程缺陷引发。员工需对这类预警信号保持高度警觉，在日常工作中主动识别管理漏洞、流程不畅等问题，并及时向上级或相关部门报告。企业应建立完善的预警事件报告机制，确保预警事件能够迅速得到响应与处理，将潜在风险化解于萌芽阶段。

三、企业发展战略的动态化管理

企业发展战略并非一成不变，而是需要依据内外部环境的动态变化持续调整。当预判到外部环境将制约战略发展，或内部条件无法支撑战略目标实现时，管理者需果断决策，推进战略转型。

（一）转型的依据与条件

企业战略转型决策需综合考量外部环境与内部环境两大层面：

（1）外部环境：当政治经济因素成为企业发展瓶颈，如政策法规收紧、市场需求突变等，企业必须调整战略方向以突破限制。

（2）内部环境：若企业内部风控体系滞后于发展需求，或战略目标与现有资源、能力不匹配，则需重新规划战略实施时间与预期收益，确保战略可行。

（二）转型的核心驱动因素

战略转型的触发需满足以下两个关键条件：

（1）政策环境预判：管理者需密切关注政治与经济政策走向，评估其对企业战略的影响程度。可通过分析执行员工反馈、历史政策规律及全球发展趋势进行预判。准确的政策预判能为企业赢得发展先机，若把握得当，可享受足够长的政策红利期；反之，若预判失误或错过调整时机，企业将陷入发展困境。

（2）内部控制评估：企业内部控制体系是核心竞争力的重要体现，需与战略发展速度保持同步。通过监测员工薪酬增长率，可直观反映战略发展状况：若薪酬增长率停滞或下降，表明战略推进遇阻，需及时进行动态调整。

（三）转型的实施与调整

战略转型落地需围绕内部治理机制与人才体系展开：

（1）治理机制优化：按照新战略规划的管理指标，全面梳理和重构内部治理机制，确保组织架构、业务流程等与新战略方向相适配。

（2）人才体系升级：对现有团队进行能力评估，重点提升高管团队的战略执行能力。若员工平均薪酬增长率持续下滑，需针对性强化高管能力；同时，积极引入符合新战略需求的高端人才，推动企业快速转型。

（四）转型的预判与长效管理

（1）经验沉淀与案例库建设：管理者需对企业发展中遇到的突发事件和预警事件进行系统分析、归档，形成可复用的管理案例，为未来战略预判提供参考标准。

（2）经营体系迭代：修订企业经营管理体系，明确发展路径，确保企业可持续发展。同时，注重员工战略思维培养，使全体员工具备"企业管理视角"，增强企业对外部环境变化的适应能力与竞争优势。

CROSSINGS

恶魔之眼

[法] 亚历克斯·兰德拉金 著

杨蔚 译

ALEX LANDRAGIN

天津出版传媒集团

天津人民出版社

P149—P039—P155—P053—P001—P171—P071—

P011—P199—P023—P087—P217—P031—P247—

P103—P295—P123—P337—P141—P153

果麦文化 出品